골프에 미치다

우선 100타는 깨고 보자

우선 100타는 깨고 보자

골프에 미치다

이주호 지음

박영사

"스윙은 흔들릴 수 있으나 멘탈은 흔들리면 안 된다."

- 이주호 -

개정판을 출간하며

제 인생의 첫 책을 출간한지 1년이 넘었습니다. 걱정 반, 두려움 반으로 도움주신 분들 덕분에 출간을 하고, 교보문고 취미·건강 부문에서 7주간 베스트셀러 1위 자리를 하고 난 뒤 여러 가지 생각이 머리를 스쳐지나갔고 제 인생의 목표는 더욱더 확고해졌습니다. 여러분이 이렇게 관심을 가져주시는 데 더 좋은 책을 만들어 보자! 더 쉬운 골프, 어렵지 않은 골프백과사전을 만들어 보자는 꿈도 생겼습니다. 우리나라에서 골프를 시작한다면 주니어 선수 또는 아마추어들도 보이지 않는 장벽이 있습니다. 2022년 전국으로 무료세미나를 다니면서 느낀 것은 열정은 넘쳐서 제대로 배우고 싶은데 부담은 되고, 그렇다고 혼자 독학하다가 오히려 잘못된 방법으로 할까봐 걱정하시는 분들이 많았습니다.

저자 또한 30여 년 전 운동을 시작하면서 교육에 대한 갈증이 항상 있었고, 궁금증을 해결할 수 있는 방법 또는 그 해결을 하기 위한 경제적인 부분의 어려움도 있었던 건 사실입니다. 내가 가르쳤던 학생들은 교육에 대한 목마름과 부족함이 있으면 안 된다는 신념하에 선수 양성을 시작했지만 한계를 느끼며 서른 살 늦깎이 대학원생으로 학교에 입학해 7년 동안 공부해서 박사학위를 취득했습니다. 또한 해외시합현장을 다니면서 견문을 넓히고, 골프를 시작하는 주니어 선수들에게 올바른 교육방법으로 가르치기 위해 나의 스승 이안 츠릭(Ian Triggs) 코치와 많은 시간을 보내면서 많은 훌륭한 투어 선수와 주니어 선수를 양성해 왔습니다. 나아가 전국 또는 전세계에 있는 골프인들에게 제가 가지고 있는 골프 철학을 전달하고 싶어서 유튜브를 시작하게 됐고 욕심 없이 시작한 유튜브가 기대 이상으로 많은 분들에게 사랑과 관심을 받아 책을 출간하기까지 이르렀습니다.

〈골프에 미치다: 우선 100타는 깨고 보자〉 책은 골프 입문자를 위한 올바른 백과사전 지침서가 될 것입니다. 첫 단추가 잘 끼워져야 나머지 단추가 잘 끼워지듯이 여러분들이 가지고 있는 문제점이 시작점부터 오류가 난 것이 아닌지 우리는 되돌아봐야 합니다. 개정판에서는 이러한 부분을 보충해서 여러분들이 읽고, 사진도 보고, QR코드로 동영상도 보면서 학습하실 수 있도록 재편집해 만들었습니다. 현 자리에 만족하지 않고 교육자라는 신념하에 겸손하게 하나씩 하나씩 더 공부하고 배워나가겠습니다. 다시 한번 감사드리며 여러분들의 골프 앞날에 조금이나마 도움을 드릴 수 있다고 하면 아낌없이 베풀면서 가치 있는 길을 걸어나가겠습니다.

저자 이주호

Foreword

It is with much pleasure that I write this letter of support for my good friend and fellow PGA teaching professional Jason. It is wonderful that he has decided to write a book to pass on all the information he has gathered over his many years of teaching Golf.

It is 10 years ago when I first met Jason when he came to Australia to the AnK International Golf Academy to watch and And to increase his knowledge in the holistic approach to golf coachin it was an absolute pleasure to work with him during those months he was training under me.

Jason has continued to educate himself into now one of the leading Golf Coaches in South Korea. He has helped develop many young talented juniors into the Countries leading junior players, winning many tournaments.

Jason's holistic approach to developing young people and players is starting show. He has also developed from scratch an outstanding Golf Academy based at Incheon. I've had the pleasure of visiting the Academy and while there working with Jason with his talented junior squads.

On my many visits to South Korea, Jason acted as my personal assistant and interpreter when I was at the LPGA Tour Tournaments in South Korea while I was coaching and working with SO YEON RYU / EUN HEE JI / Q BECK and my many other international players KARRIE WEBB, MO MARTIN to name a few.

I have really enjoyed being in Jason's company as he is a gentleman and always gives so much of himself. He will go out of his way to help anyone who is close to him or in his care - not only is he a good golf coach, he is an outstanding person !

I wish Jason all the best with his health, his future coaching. It is great to know that the future of Golf Coaching is in wonderful hands

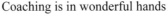

IAN TRIGGS

AUSTRALIAN PGA MEMBER SINCE 1975 COACH TO TWO WORLD No 1 's
COACH TO MAJOR WINNERS -KARRIE WEBB; SO YEON RYU; EUN HEE JI;
MO MARTIN PLAYERS HAVE OVER 150 WINS ON ALL WORLD TOURS

추천사

제 친구이자 동료인 프로골프 교습자 제이슨을 위해 추천사를 쓰게 돼서 기쁩니다. 오랜 세월 골프를 가르치며 축적한 정보들을 책으로 집필하여 전한다는 게 매우 멋집니다.

10년 전, 제이슨이 골프 코칭을 배우러 호주의 AnK Golf Academy에 왔을 때 처음 만났습니다. 그가 제 밑에서 훈련하는 동안 일을 같이 할 수 있어서 정말 기뻤습니다. 제이슨은 자기 자신을 계속해서 연마해 왔고, 이제는 한국을 대표하는 골프 코치가 되었습니다. 주니어 선수들이 나라를 대표하고, 시합에서 우승을 거머쥐도록 성장하게 하는 데 크게 기여했습니다.

젊은 아이들과 선수들을 발전시키기 위한 그의 포괄적인 접근은 마치 이제 막 시작하는 쇼와 같습니다. 그는 인천에서 아카데미를 열어 이제는 그곳에서 가장 뛰어난 아카데미로 성장시켰습니다. 그곳에 방문하여 제이슨과 함께 그의 유능한 선수들을 잠시 가르쳤던 적이 있는데 무척 즐거웠습니다.

한국에서 열린 LPGA 시합에 유소연, 지은희, 백규정 그리고 케리 웹, 모 마틴 등 여러 해외 선수들을 지도하려고 수차례 한국을 방문했을 때, 제이슨은 제 유일한 보조이자 통역을 담당했습니다. 제이슨은 언제나 신사였고 늘 자기 자신을 먼저 희생하는 사람이어서 그와 함께 일하는 것이 즐거웠습니다. 제이슨은 지인 또는 그가 보살펴야 하는 사람을 돕기 위해서라면 어떠한 일도 마다하지 않는 사람입니다-그는 훌륭한 코치일 뿐 아니라 훌륭한 사람입니다!

제이슨이 늘 건강하길 바랍니다. 그리고 앞으로도 그의 코칭이 잘 되길 바랍니다. 골프 코칭의 미래가 멋진이의 손에 달려 있다는 것이 정말 기쁩니다.

이안츠릭
1975년부터 오스트레일리아 PGA 회원
세계랭킹 1위 두 명의 선수 코치
메이저 시합 우승자-케리 웹, 유소연, 지은희, 모 마틴의 코치
전 세계 모든 투어에서 150승 이상 달성

책을 출간하며

스포츠 종목의 교육자로서 책을 출간하는 이 시점 여러 가지 감회가 떠오른다. 프로선수들로 골프레슨을 시작해서 현재 주니어 선수 레슨까지 길지 않은 시간이었지만 코치로서의 10여년의 준비 기간은 긴 터널을 지나온 시간이었다.

6년 전 저자의 스승 LPGA 투어 코치 이안츠릭과 비즈니스 파트너 이인준 프로와 시합장에서 선수들이 우승을 하고 해외 레슨을 오고가며 나누었던 이야기 중 "같이 배우고 탐구해야 한다. 스스로 질문을 던지고 영상을 보여주고 깨우쳐 스스로 호기심을 갖게 해야 한다. 티칭보단 러닝이 일어나야만 정확하고 올바른 학습 효과가 나타난다. 코치는 선수가 이런 길을 갈 수 있도록 만들어 주는 사람. 선생은 제자를 보고 배운다. 나는 오늘도 많이 배웠다"라는 서로서로의 격려와 응원의 메시지를 기억하며 가슴 한편에 자리잡고 있었던 그 열정이 지금의 저자의 모습을 만들어 낸 것 같다.

1년 전 유튜브를 시작해서 대중들에게 골프에 대한 메시지를 전달하고 느끼게 하고 싶었던 이야기의 핵심은 "골프! 너무 어렵게 생각하지 마세요"이다. 멈춰져 있는 공을 친다는 생각에 많은 고민을 하게 되는데, 골프는 머리로 습득하는 것이 아니라 반복 학습으로 몸으로 익히는 운동이라는 것을 잊지 않았으면 한다. 골프의 본질을 잊고 기술적으로 지나치게 접근하면 즐거운 운동도 점차 흥미를 잃어 갈 것이다.

많은 골퍼들은 연습장에서 스윙기술에 모든 열정을 붓지만 정작 본인의 멘탈은 어느 정도 훈련을 하고 있는지 되돌아 봐야 하고, 그 멘탈 훈련 중 제일 중요한 것은 '꾸준함의 지속성'이다. 그것이 루틴이고 또한 멘탈이라고 표현해도 전혀 과하지 않다.

골프는 실수가 나올 수밖에 없는 스포츠이다. 즉 페어웨이 안착률, 그린 안착률 등 확률적으로 100%는 없다. 다시 말하면 100%가 안 되기 때문에 완벽하게 만들어야 한다는 것이 아니라, 실수에 대비할 수 있는 여러 가지 파세이브 확률을 향상시킬 수 있는 게임 연습을 해야 한다는 것이다. 또한 코스 내에서 일어나는 실수들은 겸허하게 받아들일 수도 있어야 한다.

물론 스윙이 엉망인 플레이어는 숏 게임에만 집중할 수는 없겠지만, 골프 스코어는 한 가지 기술만 잘한다고 되는 것이 아니라 모든 부분이 조화롭게 이루어져야 좋은 플레이를 할 수 있다는 메시지를 전달하고 싶다.

이 책은 골프를 시작하는 사람에게는 정확하면서도 쉬운 이해를 돕고, 중급자들은 오랫동안 해결하지 못했던 숙제를 풀어내는 데 도움을 드리고자 한다. 일반적으로 아마추어들이 어려움을 느끼는 부분을 Q&A 방식으로 서술했다. 책의 내용을 읽으면서 큐알코드를 스캔해서 동영상을 같이 보면 이해하기가 훨씬 쉬울 것이다.

마지막으로 오늘의 저자를 있게 한 존경하는 나의 정신적인 멘토 이안츠릭! 너무 보고 싶고, 대학원에서 마음껏 공부할 수 있게 도와주신 김종희 교수님, 양종훈 교수님, 스포츠 심리학에 눈을 뜨게 해주신 이동현 교수님, 저를 믿고 응원해주시는 JASON'S HPGA 학부모님과 선수들, 나의 오랜 친구이자 파트너 AnKGOLF 크리스 리, 형 같은 동생 요무브 남요한 대표 등 응원해주시는 모든 분들에게 감사드리고, 책 출간에 많은 도움을 주신 안상준 대표를 포함한 박영사 임직원 여러 분들께도 진심으로 감사의 뜻을 표한다.

포기하지 않는 법을 가르쳐주신 나의 부모님, 사랑하는 나의 가족들과 출간의 기쁨을 함께 하고 싶다.

2021년 봄
저자 이주호

차
례

골린이를 위한 기초가이드   **Part 1**

Chapter 1: 초보 가이드   15

01 골프를 시작할 때 연습장은 어떻게 선택하고, 어떻게 연습을 하면 될까요?   16

02 연습할 때 클럽은 어떻게 선택해야 할까요?   20

03 나에게 맞는 코치, 선생님은 어떻게 찾나요?   24

04 골프가 빨리 늘지 않는 이유가 있을까요?   26

05 연습장에서 매일 연습하는 데 공 맞추기가 어렵고 볼에 집중이 되지 않습니다   34

Chapter 2: 셋업 및 어드레스   41

06 올바른 그립 잡는 법을 알고 싶습니다   42

07 기본 셋업에 대해 알고 싶습니다   46

08 올바른 어드레스에 대해 알고 싶습니다   50

Chapter 1: 스윙 전반 57

09 올바른 스윙 자세에 대해 알고 싶습니다 58

10 클럽을 던져서 스윙하는 건 어떻게 하나요? 61

11 올바른 스윙 동작에 대해 알고 싶습니다 64

12 장타자가 되려면 무엇에 집중해야 하나요? 70

Chapter 2: 백스윙 73

13 백스윙 기본동작에 대해 알고 싶습니다 74

14 올바른 백스윙 자세가 궁금합니다 78

Chapter 3: 다운스윙 83

15 다운스윙 기본자세가 궁금합니다 84

16 다운스윙 문제점을 고치고 싶습니다 88

Chapter 4: 피니쉬 93

17 올바른 피니쉬 동작에 대해 알고 싶습니다 94

Chapter 1: 드라이버   99

    18 드라이버와 아이언의 차이를 알고 싶습니다   100

    19 올바른 드라이버 자세를 알고 싶습니다   102

    20 드라이버 비거리가 고민입니다   106

Chapter 2: 아이언, 유틸리티   111

    21 롱아이언과 유틸리티 클럽으로 공 맞추기가 어렵습니다   113

    22 아이언과 유틸리티 샷을 잘하고 싶습니다   114

Chapter 3: 벙커샷   119

    23 페어웨이 벙커에 들어갈 때마다 온 그린을 하기 어렵습니다   120

    24 벙커샷 시 공이 높게 뜨지 않습니다   122

    25 벙커샷 30m부터 50m 치는 것이 너무 어렵습니다   124

Chapter 4: 어프로치   127

    26 올바른 어프로치 자세가 궁금합니다   128

    27 거리에 따른 어프로치 샷이 궁금합니다   132

    28 범프 앤 런, 오르막에서만 연습해야 하나요?   138

Chapter 5: 퍼팅   141

29 퍼팅 라이 보는 법이 궁금합니다   143

30 롱퍼팅을 잘하려면 어떻게 연습해야 하나요?   146

31 숏퍼팅을 잘하려면 어떻게 연습해야 하나요?   150

꼭 알아야 할 골프매너와 멘탈관리법   **Part 4**

Chapter 1: 골프매너   157

32 타인과 게임할 때 가져야 할 매너는 어떤 것이 있나요?   158

33 티잉 그라운드에서의 에티켓은 뭐가 있나요?   160

34 세컨드샷을 칠 때 에티켓은 무엇이 있나요?   162

35 벙커 정리는 매우 중요합니다   164

Chapter 2: 멘탈관리법   167

36 골프코스에서 가장 신경 써야 하는 부분은 무엇인가요?   168

37 실수를 줄이기 위해선 어떻게 해야 할까요?   170

38 골프코스에서 마인드 컨트롤을 왜 해야 하나요?   172

39 골프코스에서 스코어를 낮추려면 어떻게 해야 하나요?   174

40 100타 깨기 위한 멘탈 10계명   177

Part 1

골린이를 위한 기초가이드

장소협찬: 센추리21 컨트리클럽

01

Chapter

초보 가이드

01

골프를 시작할 때 연습장은 어떻게 선택하고, 어떻게 연습을 하면 될까요?

초보자들은 스크린이나 실내연습장을 선호하는 편입
니다. 시간을 여유 있게 두고 연습을 하는 것이 아무
래도 도움이 되죠. 또 코치와 레슨의 시간을 길게 가
지면서 연습하는 것도 중요합니다. 그러다 어느 정도
실력이 쌓이면 무조건 인도어로 나가야 합니다. 인도
어에서 공이 나가는 걸 보면서 스윙에 대한 느낌을 찾
는 게 제일 중요한 방법입니다.

인도어에서도 가능한 여러 위치에서 쳐보는 것이 좋
습니다. 1층에서도 한 번 해보고, 타석의 왼쪽 끝, 오
른쪽 끝, 가운데, 크게 세 군데를 나누어 번갈아 쳐
보는 것이 여러 가지 구질을 만들어내는 데 도움이
됩니다.

처음에 어떻게 연습을 하면 될까요?

선수들을 훈련시킬 때는 크게 '툴(Tool)'과 '드릴(Drill)' 이렇게 두 가지로 나눠서 강조합니다. '툴'이란 올바른 느낌을 찾기 위해서 연습도구를 사용하는 것이고, '드릴'이란 특정 동작을 완전히 습득하도록 연습하는 방법입니다.

도구를 활용하는 연습

먼저 연습도구를 활용하는 방법에 대해 말씀드리겠습니다.

중급으로 올라갈수록 훈련하는 방식이 다양해지기 때문에, 레슨을 할 때 말로 전달할 수 있는 부분에 한계가 있습니다. '아'라고 얘기했는데 '어'라고 받아들일 수 있죠. 이럴 때 좀 더 명확하고 빠르게 전달할 수 있는 방법이 바로 '연습도구'를 활용하는 방법입니다.

예를 들어, "백스윙을 할 때 왼팔과 오른팔 좌우 밸런스가 맞아야 됩니다."라고 아무리 말로 설명해도 공 하나를 잡고 움직이게 해서 느낌을 찾는 것이 훨씬 빠른 방법입니다. "클럽을 채찍처럼 휘두르세요."라고 했을 때도 딱딱한 클럽을 채찍처럼 휘두른다는 느낌을 모를 수 있습니다. 그럴 때는 긴 로프를 들고 휘두르는 연습을 먼저 하면 어떤 느낌인지 금방 알 수 있죠.

클럽 헤드에 공을 끼워 헤드 무게를 느끼는 연습

삼각판을 활용해 어드레스
정렬을 맞추는 연습

로프를 들고 채찍처럼 휘두르는 연습

퍼팅 연습도구를 활용해 일정한 스트로크를 만드는 연습

특정 동작을 습득하는 연습

연습할 때 당부하고 싶은 것은 목적 없이 공을 치면 안 된다는 것입니다.

운전면허 기능시험 연습할 때 일종의 공식들이 있습니다. 어느 위치에 갔을 때 브레이크를 밟고, 사이드미러를 어떤 선에 맞추고, 이런 공식들 말이죠. 그 공식들이 머릿속에 있다고 해도 구간 구간을 확실하게 익히지 않으면 제대로 운전할 수 없을 겁니다.

골프도 공식들이 있습니다. 아무리 운동신경이 있더라도 동작마다 정확한 방법과 공식을 제대로 익히지 않으면 절대 좋은 스윙을 할 수가 없습니다.

선수와 아마추어는 여기에서 차이가 납니다. 뭔가를 배웠을 때 끊임없이 반복적으로 연습하고 습득해서 내 것으로 만드느냐, 아니면 그냥 머릿속에서 이해한 것만으로 끝내고 내 방식대로 연습하느냐. 여기서 실력 차이가 나는 것이죠.

공식이나 연습하는 방법은 책과 유튜브에 많이 있습니다. 잘 살펴보시고 본인에게 맞는 공식이나 연습법을 선택해보세요. 그리고 천천히 정확하게 연습해 보세요. 하루 해보시고 잘 안되면 다음 날, 또 안 되면 3일까지 반복해서 연습해 보세요. 몇 번 시도해보다가 안 된다고 포기하지 마시고, 반복적으로 하다 보면 조금씩 스윙이 변화되는 것을 느낄 수 있을 겁니다.

▶ **YouTube: 인도어 골프장에서 연습하는 법**

02

연습할 때 클럽은 어떻게 선택해야 할까요?

연습할 때 클럽은 어떻게 선택해야 할까요?

골프가 활성화되면서 초보자분들의 장비에 대한 관심 또한 많이 높아졌습니다. 저도 처음 골프를 시작할 때는 장비 욕심이 많았는데, 돌이켜보면 장비 욕심이 실력 향상에는 큰 도움이 되지 않았던 것 같습니다.

클럽은 나에게 맞는 그립의 굵기나 유형, 샤프트의 종류, 무게, 헤드의 모양, 스타일 등을 정확하고 냉정하게 따져서 선택해야 하는데, 브랜드의 인지도나 디자인, 주변 사람들의 선호도 등을 따르다가 많이 실패합니다. 클럽은 어떤 것을 선택하면 좋은지 말씀드리겠습니다.

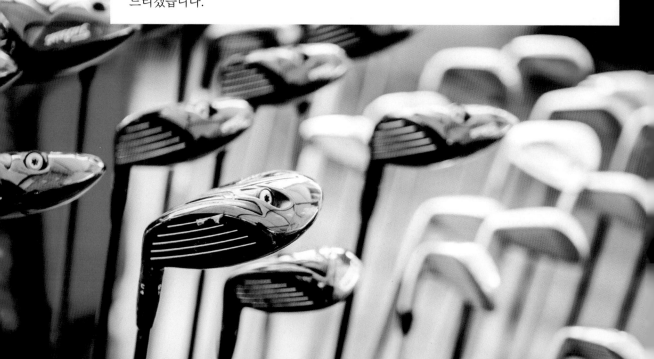

샤프트

본인의 스펙에 맞지 않는, 높은 수준 또는 너무 낮은 수준의 채를 쓰는 분들이 많습니다. 주니어 선수로 비교하면 한 단계 높은 스펙의 채로 연습하면서 그 클럽이 내 몸에 익숙해지게 만드는 방식으로 연습을 하시죠. 하지만 저는 반대로 힘이 아무리 세더라도 가장 약한 채부터 천천히 스펙과 기술을 높여 가도록 연습시킵니다. 프로선수가 아닌 이상 이 방식이 아마추어에게는 훨씬 쉽고 편하게 골프를 접하게 하는 방법이기도 합니다. 샤프트는 본인 스펙보다 약한 것부터 서서히 올려 가시는 게 좋습니다. 가장 좋은 것은 전문가와 상담하여 자신에게 맞는 클럽을 선택하시는 것입니다.

샤프트

아이언

아이언(Iron)은 캐비티백(CavitiBack) 아이언과 머슬백(Muscleback) 아이언으로 나누어집니다.

외형으로만 보면 머슬백이 더 샤프해 보이고, 단단해 보인다고 선호하시는 분들이 많습니다. 특히 우리나라 골퍼들은 소위 손맛이라는 것으로 단조를 선호하는 경향이 있지만, 중요한 것은 나의 실력에 맞는 클럽을 냉정히 선택하는 것입니다. 외형이 마음에 안 들더라도 내가 플레이하기 쉬운 클럽이 좋은 클럽인 것이죠.

일례로 지금은 시니어에서 활동하는 프레드 커플스(Fred Couples)라는 선수는 3번 우드를 여자 강도로 썼습니다. 선입견 없이 생각하면 클럽을 선택할 수 있는 폭이 굉장히 넓어집니다.

아이언 세트

▶ YouTube: 나에게 맞는 아이언 선택하기

퍼터

퍼터(Putter)는 선수들 사이에서도 선호하는 게 많이 다릅니다. 퍼터는 어떤 영감적인 부분이기 때문에 뭘 써야 된다고 정하기가 어렵습니다. 짐 플릭(Jim Flick) 선수의 일화가 있는데요. 이 선수가 어떤 시합에서 본인이 협찬받는 회사의 퍼터가 아니라 직접 숍에 가서 산 5만 원짜리 퍼터를 가지고 우승을 한 적이 있습니다. 그 후로 이 선수는 그 퍼터를 단순히 5만 원짜리 퍼터가 아니라 나에게 우승 상금 5억 원을 갖다준 퍼터라고 이야기했습니다. 이처럼 퍼터는 그 사람만의 영감이라고 볼 수 있습니다. 숍에서 설명하는 식으로 말렛(Mallet) 퍼터는 좀 더 쉽고 블레이드(Blade) 퍼터는 어렵고, L자 퍼터는 더 어렵고 등의 분류가 아니라 그 퍼터의 특성이 무엇인지 내가 어떤 스타일을 추구해서 갈 것인지를 먼저 정확히 정해보세요. 그리고 나서 선택한 퍼터로 본인만의 무기를 만드는 게 가장 정확한 방법입니다.

블레이드 퍼터

말렛 퍼터

▶ YouTube:

 나에게 맞는 퍼터 찾기 1

 나에게 맞는 퍼터 찾기 2

 나에게 맞는 퍼터 찾기 3

드라이버

드라이버(Driver)를 선택할 때 비거리 때문에 대부분 낮은 로프트 각도를 선호합니다. 각도가 낮으면 런으로 거리가 늘 거라고 생각하시는 경우가 많은데, 거리를 내는 방식은 각각 다르기 때문에 드라이버 각도만으로 단정지어 말하기 어렵습니다. 낮은 로프트 각도가 무조건 좋은 것이 아니라는 건 타이거 우즈(Tiger Woods)가 10.5도의 드라이버를 사용한다는 것을 보면 알 수 있죠. 선수들은 본인이 선호하는 구질에 따라 드라이버 로프트 각도를 피터(fitter)와 상의 후 정합니다.

낮은 로프트 각도를 쳐야 비거리를 낼 수 있다는 착각을 하지 않으셨으면 하는 바램입니다.

골퍼들이 체크해야 할 것은 내가 가장 편안하고 안전하게 공을 보낼 수 있는 각도가 몇 도인지를 점검하는 것입니다. 그와 함께 본인에게 맞는 샤프트까지 선택하면 좋은 드라이버를 만날 수 있습니다.

03

**나에게 맞는 코치,
선생님은 어떻게 찾나요?**

아마추어

아마추어분들이 처음 골프를 배울 때 좋은 코치를 찾는 기준은 나의 궁금증을 잘 해소시켜 줄 수 있는 코치를 만나는 것입니다. 처음 하다 보면 이것도 궁금하고 저것도 궁금할 텐데요. 이때 정확하게 잘 이해시키고 이끌어가 줄 수 있는 능력을 가진 코치가 좋습니다.

레슨시간도 매일 매일 5~10분씩 받는 것 보다는 일주일에 한 번, 대신 길게 무조건 2시간씩 받기를 권장합니다. 아니면 일주일에 두 번 한 시간씩 나누어 2시간. 이렇게 긴 시간을 갖고 레슨을 받는 게 효과적입니다. 대부분의 아마추어분들은 10분씩 여러 번 봐주는 게 좋을 것 같다고 생각하는데요. 한 번 받을 때 기본 한 시간, 짧게는 30분을 주기적으로 계속 받으셔야 합니다. 1년 정도 받았으니까 이제는 어느 정도 알겠지, 이런 생각은 금물입니다. 하나의 스포츠를 배운다는 생각으로 심도 있게 깊이 있게 꾸준히 배울 생각을 하셔야 합니다.

단순히 스윙만 배운다고 해서 골프가 되는 것이 아니라 골프라는 운동에 대한 철학, 이론을 배우셔야 합니다. 골프라는 운동은 시간 투자가 필요한 운동이기 때문에 장기적으로 보셔야 합니다.

다음으로는 너무 복잡하지 않게 설명하는 선생님이 좋습니다. 아마추어분들이 착각하시는 것 중에 하나가 많은 내용을 배우면 잘할 것 같다고 생각하시는데 그것은 큰 오류입니다. 골프는 기술을 습득하는 것이기 때문에, 짧은 시간에 이루어지지 않습니다. 하나의 동작을 익힐 때, 처음엔 속도가 빠르지만 점점 동작을 익힐수록 속도가 느려지게 되는데요. 그걸 인정하셔야 합니다. 하나 배운 게 바로 안 되면 짜증내고, 재미없어하고 또 다른 코치를 찾아가고, 이렇게 백날 얘기해봤자 아무 소용없습니다. 근본적으로 어떤 문제점이 하나 생기면 그 문제점을 이해시켜줄 수 있는 사람, 그리고 그 문제점을 이해하고 개선할 수 있는 방향을 서로 연구할 수 있는 사람이 필요합니다. 물론 처음에는 기본적인 답을 다 갖고 있습니다. 하지만 골프라는 게 사람마다 다르기 때문에 하나의 정답으로만 다가갈 수 있는 부분이 아닙니다. 때로는 교과서에 없는 답도 만들어야 합니다. 처음에 할 때는 나와 있는 정답을 가지고 할 수 있지만, 실력이 점점 좋아질수록 없는 답을 만들어낼 수 있는, 연륜도 어느 정도 있고 경력도 많은 분이어야 합니다.

한 가지라도 정확하게 학습되지 않은 상태에서 여러 가지 이론을 접하다 보면 오히려 역효과가 날 수 있습니다. 중요한 것은 복잡하지 않게 간단하고 쉬운 방법으로 교육 시킬 수 있는 코치님이 제일 좋습니다. 그리고 되도록 한 코치님한테 오래 배우는 걸 추천합니다. 스포츠기술을 습득하는 지름길은 없습니다. 안 되면 같이 연구할 수 있는 사람을 만나는 게 가장 현명한 방법이고, 그다음부터는 본인의 노력 여하에 달려 있습니다.

주니어 선수

주니어 선수들이 코치를 선택할 때 다방면으로 전문지식을 가진 분을 찾으셔야 합니다. 트레이닝, 멘탈관리, 기술 등 학생을 만들어 낼 수 있는 능력이 중요합니다. 이 선수의 성격과 심리적인 부분에 대해서 얼마나 파악할 수 있는지가 중요합니다. 제가 박사학위를 받아 심리학을 공부한 이유도 바로 이 부분 때문입니다. 코치는 선수의 성격, 성향과 기술 수준을 정확히 분석할 수 있어야 합니다. 성격, 성향 분석이 안 된 상태에서는 지도자가 선수에게 올바른 교육을 시킬 수 없습니다.

인문학적인 지식, 경험에서 나오는 노하우, 선수들을 케어 할 수 있는 멘탈 관련 지식을 갖춘 코치님을 찾으셔야 합니다.

▶ **YouTube: 골프 시작할 때 좋은 프로님 (교습가) 만나는 법**

04

골프가 빨리 늘지 않는 이유가 있을까요?

골프가 늘지 않은 가장 근본적인 이유는 올바른 연습을 하지 않아서인 경우가 많습니다. 많은 아마추어 분들이 공을 강하게 쳐서 멀리 보내면 잘 치는 것이라고 착각하시는데 그렇지 않습니다.

기본스윙의 움직임과 원리를 이해하시고 훈련하셔야 합니다. 단시간에 실력을 빨리 올리기보단 3~4년 시간을 두고 천천히 단계를 밟아 가시는 게 올바른 연습 방법입니다.

올바른 오른손 그립 모양

그립

골프 구력이 쌓였음에도 실력이 향상되지 않는 가장 큰 이유는 그립(Grip)입니다. 많은 아마추어들은 스윙 연습에 많은 시간을 할애합니다. 하지만 그에 비해 그립 연습은 많이 하지 않습니다. 그립은 한 번 잡고 나서 끝났다고 생각하는데 그렇지 않습니다. 한 번 알려준 대로 잡았다고 해서 완성된 것이 아닙니다. 그립을 잡았다 폈다 움직이면서 클럽도 움직이고 일치함도 느끼면서 연습해야 합니다. 구력이 많아질수록 스윙에 대한 문제점이 생기는 것은 그립에서 해결되어야 하는 경우가 대부분입니다. 스윙에 많은 시간을 투자한 만큼 그립에도 시간을 투자하셔야 합니다. 그립에 소홀하면 결코 좋은 스윙을 가질 수 없습니다.

클럽을 수직으로 세워서 양팔과 양손을 정렬하는 방법

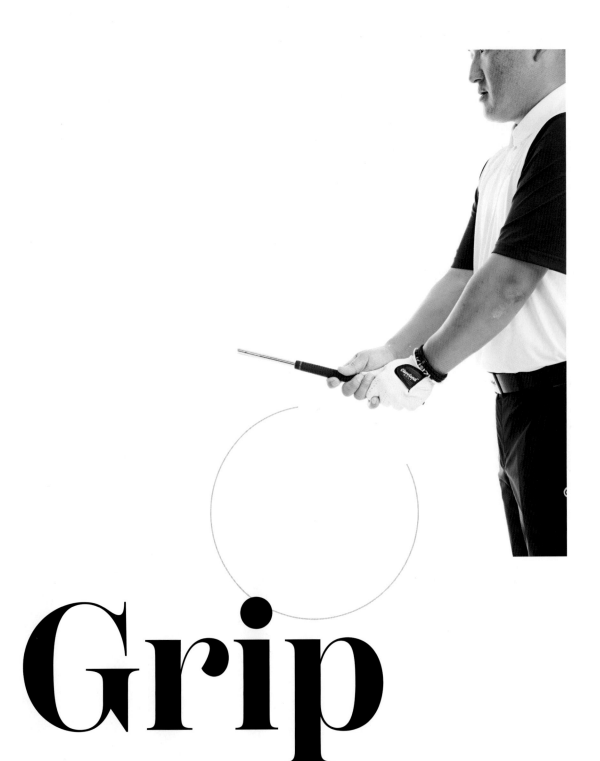

Grip

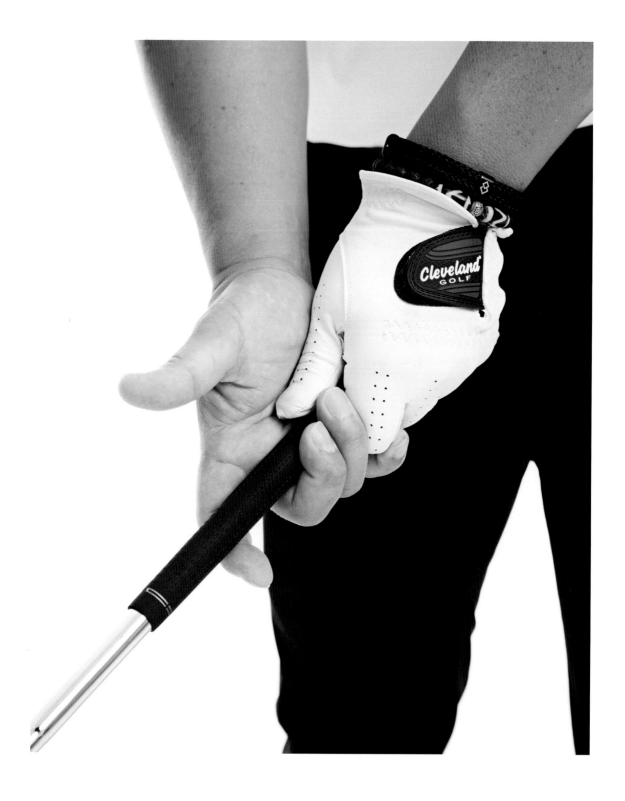

에이밍과 얼라인먼트

다음에 중요시해야 할 건 타깃에 대한 몸의 정렬입니다. 타깃에 대한 정렬이 정확히 돼야 하는 이유는 스윙 궤도와 직접적인 연관이 있기 때문입니다. 연습장에서 연습하는 골퍼들을 보면 타깃을 정하지 않고 공만 오래 보면서 치시는 분들이 많습니다. 이러한 분들은 우측을 보고 스윙하는 사례가 많습니다. 몸은 점점 오른쪽으로 돌아가게 되고, 그렇게 되면 백스윙이 안쪽으로 너무 지나치게 들어와서 클럽 헤드가 머리 쪽으로 가는 경우가 많이 생깁니다. 좋은 스윙을 원하신다면 꼭 타깃에 대한 몸의 정렬을 확인하셔야 합니다.

리듬과 타이밍

스윙 동작을 연습할 때 리듬과 타이밍에 맞춰야 하는데, 오로지 구분적인 동작 연습만 필요 이상으로 많이 하게 되면 골프 스윙은 좋아지지 않습니다. 교정한 동작이 있다고 하면 스윙 연습 시 한 가지만 생각하고 공을 칠 때는 타깃만 집중해서 치는 훈련을 하는 것이 훨씬 효과적입니다.

05

연습장에서 매일 연습하는 데
공 맞추기가 어렵고 볼에 집중이 되지 않습니다

사람들이 골프를 어려워하는 이유는 크게 두 가지가 있습니다. 하나는 가만히 멈춰 있는 공을 친다는 것입니다. 사람들이 바닥에 있는 공을 보고 너무 많은 생각을 하다 보니 골프 스윙을 하는데 크게 어려움을 느낍니다. 또 다른 하나는 대부분의 스포츠는 타깃을 보고 몸을 움직여서 감각을 익히지만, 골프는 타깃을 보고 바닥에 놓여 있는 공을 쳐야 하기 때문에 연습을 정확히 하지 않으면 어려울 수밖에 없습니다.

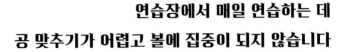

▶ YouTube: 골프 초보자가 공을 못 맞추는 이유

볼에 집중하는 법

공에 시선을 집중하는 것은 스윙을 고치는 것만큼 매우 어려운 일입니다. 여러 플레이어들을 보면 백스윙이 궁금한 나머지 시선이 클럽을 따라가거나 공에 집중하지 못하는 경우가 있습니다. 골프는 녹색 잔디에서 흰색 공을 치는 게임이죠. 녹색/흰색의 대비효과로 눈에 잘 띄는 것을, 스스로 공을 잘 보고 있다고 착각할 수 있습니다.

어느 정도 구력이 있는 주니어 선수들을 훈련시킬 때에는 공을 맞추지 못하는 경우 공에 큰 점을 그린 후 공을 치게 하면 스윙을 정확하게 맞춥니다. 그러나 시합 때에는 긴장된 상태에서 시선이 산만하게 움직여 공의 딤플* 하나도 못 보는 경우가 있습니다. 나중엔 긴장감으로 인해서 공을 보려고 해도 보지 못하는 경우도 생길 것이며 그땐 이미 플레이를 잘할 수 없는 지경까지 이르게 될 것입니다. 공을 칠 때만큼은 공의 딤플에 집중하는 것이 중요합니다. 공에 집중이 잘 될 때와 그렇지 않을 때, 플레이어의 머릿속이 얼마나 단순한지 복잡한지 차이를 느낄 수 있을 것입니다.

티칭의 전설 하비 페닉(Harvey Penick) 코치는 플레이어가 스윙을 할 때 공을 보고 스윙하는 습관은 스윙을 교정하는 것보다 몇 배가 힘들다고 표현했습니다. 시합같이 긴장감이 최고조로 올라온 상태에서 백스윙이나 다운스윙시 공의 초점을 맞추기가 어렵다면 공을 하나 칠 때마다 딤플에 내 시선이 흔들리는지 여부를 확인해야 합니다.

아마추어들은 정해진 연습 시간에 많은 공을 쳐야 실력이 좋아지는 방법이라고 생각하지만, 집중 없이 단순히 공을 많이 치는 아주 위험한 연습 방법은 사용하지 않았으면 좋겠습니다.

* 딤플: 골프공의 표면에 오목오목 팬 자국

▶ YouTube: 볼에 집중하는 법

첫 홀, 첫 티샷을 잘하는 비결이 있나요?

첫 홀, 첫 티샷을 긴장하지 않는 선수는 없습니다. 제가 아는 선배 선수 중 한 명은 일본 첫 시합 때 심장박동이 고막을 때린다는 표현을 할 정도로 긴장이 됐고, 다리가 너무 떨려서 움직일 수도 없고, 백스윙을 어떻게 해야 할지 머리가 더 하얘졌다는 이야기를 한 적이 있습니다. 이런 긴장감은 선수든 아마추어든 누구나 느끼는 것입니다.

현실적으로 압박감에 대해서라면 아마추어들보다 선수들이 더 많이 느낍니다. 그런데 아마추어와 선수들은 차이가 있습니다. 선수들은 스윙 기술보단 타깃 쪽으로 공을 맞춰서 보낼 수 있는 타이밍에 집중합니다. 반면에 아마추어들은 스윙 기술에 대해서 생각을 많이 합니다. 연습을 통해서 자신만의 스윙 리듬과 타이밍을 만드는 것이 첫 홀, 첫 티샷을 잘하는 비결입니다. 만약에 여러분이 첫 홀에서 긴장이 너무 많이 되고 공을 못 쳤다고 하면, 연습을 적게 하셨거나 아니면 연습장에서 그 긴장감에 대비하는 연습이 부족했다고 생각하시면 됩니다.

▶ **YouTube: 첫 홀, 첫 티샷을 잘하는 비결**

아마추어들은 스윙에 대한 생각을 많이 해서 스윙 동작을 많이 하는 것이 실수를 줄이는 방법이라고 생각하지만 오히려 그 방법은 몸을 긴장하게 만들고 타깃에 대한 집중도를 떨어뜨려 의도치 않은 실수를 하게 만듭니다. 연습장에서는 어느 정도 공을 잘 치는데 필드 가서 기본 실력이 안 나온다면, 연습장에서 연습할 때도 긴장감을 가지고 시뮬레이션을 하고 코스에 나가서는 연습했던 본능적인 감만 믿고 치셔야 합니다. 모든 건 본능입니다. 평상시 연습해왔던 그 리듬, 타이밍대로 똑같이 하시면 공이 앞으로 나갈 수밖에 없습니다.

독이 되는 연습방법이 있나요?

독이 되는 연습방법으로는 타깃을 보지 않고 치는 연습, 목표점을 정해두지 않고 치는 연습, 무조건 강하고 빠르게만 치는 연습, 숏게임 비중이 낮은 연습 등이 있습니다. 이 중에서 타깃을 보지 않고 치는 경우가 가장 많습니다. 타깃을 정하지지 않고 치는 연습은 에이밍과 얼라인먼트도 안 맞게 되고, 스윙 동작에 악영향을 끼치게 됩니다.

▶ **YouTube: 독이 되는 연습방법**

Chapter 02

셋업 및 어드레스

양손을 너무 헐렁하게 잡은 그립

양손을 너무 모아서 잡은 그립

올바르게 잡은 그립

06

올바른 그립 잡는 법을 알고 싶습니다

그립의 중요성 인지하기

전설의 선수라고 하는 벤 호건(Ben Hogan) 선수의 책에도 '그립은 골프 스윙의 심장'이라고 했습니다. 선수들도 나중에 어려움을 겪는 것 중에 그립문제가 많습니다.

그립은 내 몸과 클럽을 연결하는 유일한 연결고리 역할이라고 보면 됩니다. 차로 비유하면 엔진과 미션의 바퀴를 연결하는 부분이 바로 그립인데, 그립이 좋지 않으면 엔진이 아무리 좋은 출력을 낸다 해도 바퀴에 전달될 수 없는 것과 같습니다. 클럽이 좋고 몸이 좋아도 이 연결고리 부분이 잘못되면 좋은 스윙이 나오지 않습니다. 그립에 대한 중요성을 먼저 인지해야 합니다.

내 손의 모양 제대로 알기

보통 책에서 나오는 그립은 한 가지 모양으로 통일
되고, 그것이 기준인 것처럼 가르치는 책이 많습니
다. 하지만 현재 투어에서 활동 중인 선수들조차도
그립이 제각기 다릅니다. 우선 내 손의 모양이 어떤
지를 알아야 합니다. 손이 두툼한 스타일인지, 손가
락이 짧은 스타일인지, 악력이 약한지 강한지, 이런
개인차에 따라 그립은 달라질 수 있습니다.

자연스럽게 힘이 들어가도록 잡기

저는 주로 그립의 모양을 가르치기에 앞서 잡는 느
낌과 움직임을 먼저 얘기합니다. 망치를 올렸다가
내리는 과정에서 망치 무게에 따라 손에 자연스럽
게 힘이 들어가는 느낌을 연상해 보세요. 망치를 올
릴 때 손에 힘을 꽉 쥐지 않듯이, 백스윙하는 과정
에서도 그립을 부드럽게 잡아야 합니다. 또 망치를
내릴 때 무게 때문에 손에 자연스럽게 힘이 들어가
는 것처럼, 다운스윙을 할 때도 클럽이 내려오는 무
게에 자연스럽게 손에 힘이 들어가는 겁니다. 억지
로 꽉 쥘 필요가 없는 것이죠.
그래서 그립을 "놓아버리세요", "던져버리세요."라
고 말하는 것이 바로 이런 원리입니다.
그립을 잡을 때는 모양도 중요하지만 손가락 하나
하나에 힘이 균등하게 들어가서 클럽을 잘 컨트롤
할 수 있는 것이 더 중요합니다.

그립 잡는 기초 방법

왜글 연습하기

자연스러운 그립 강도와 올바른 헤드 모양을 확인하기 위해 클럽을 잡고 확인하는 동작을 왜글(waggle)이 라고 합니다. 왜글을 통해서 클럽 무게를 느끼는 연습을 할 때 클럽을 위아래 좌우로 계속 흔들어 보면서 내 팔과 손 움직임의 일체감을 느끼는 훈련을 하셔야 합니다. 여러 방향으로 클럽을 흔들면서 양팔과 손 가락의 힘이 균등하게 들어가는지 점검해야 합니다.

위아래 왜글 연습

Waggle

나에게 맞는 그립 프레셔 찾기

좋은 스윙을 하고 싶으면 여러 가지 그립을 많이 시도해봐야 합니다. 느슨하게 잡아서 쳐 보기도 하고, 꽉 잡아서 쳐 보기도 하고, 손가락 하나하나에 힘이 들어가는 압력점이나 클럽을 컨트롤 하는 감도 잡아야 하죠. 보통 초보자 때는 하나의 그립을 배우면 그것이 틀어질까 봐 힘을 강하게 주고 꽉 잡아서 거의 움직이지 않습니다. 하지만 나에게 맞는 좋은 그립을 찾으려면, 그립이 안에서 틀어지는 것도 느껴봐야 하고, 꽉 잡아서 움직이지 않는 것도 느껴봐야 나에게 맞는 올바른 그립을 할 수 있고 그로 인해 올바른 스윙을 할 수 있습니다.

이런 움직임을 많이 느껴야 일관성 있는 스윙을 할 수 있습니다. 오래 쳤다고 해도 그 느낌을 겪어보지 않으면 아무리 좋은 스윙 연습도 소용이 없습니다.

좌우 왜글 연습

▶ YouTube:

 올바른 그립 잡는 법1

 올바른 그립 잡는 법2

07

기본 셋업에 대해 알고 싶습니다

셋업할 때 에이밍 스틱 꼭 사용해야 하나요?

아마추어분들은 셋업과 에이밍*의 중요성에 대한 인식이 부족합니다. 시간이 지나 스윙궤도에 문제가 생겨 원인을 오랫동안 해결하지 못한 분은 에이밍을 꼭 확인해 보셔야 합니다.

에이밍 확인으로 골프 스윙에 큰 변화를 줄 수 있습니다. 오래된 골프 구력에도 불구하고 스윙궤도에 문제점이 있다면 90% 정도가 셋업이 문제인데, 그중 에이밍과 얼라이먼트 문제가 50% 이상 차지할 것입니다.

탑스윙에서 클럽헤드가 머리 쪽으로 오는 현상, 테이크어웨이 시 클럽이 지나치게 인사이드로 들어오는 현상, 스윙궤도가 인사이드 아웃인 현상 등 이러한 부분을 교정하려면 얼라이먼트와 에이밍을 확인하셔야 합니다.

오른손잡이 골퍼들은 대부분 셋업을 하게 되면 타겟보다 우측방향을 보고 스윙을 합니다. 우측 플레이어가 인식한 목표점을 향해 올바른 백스윙을 하게 되면 앞서 말한 세 가지 오류 동작이 100% 나오게 되죠. 얼라이먼트와 에이밍을 확인, 교정하지 않

고서는 절대 올바른 스윙궤도를 가질 수 없습니다. 미국 PGA 조던 스피스(Jordan Spieth) 선수도 시합 워밍업 때 숏아이언 연습은 꼭 에이밍 스틱을 사용하면서 연습하고 있고, 여러 투어 선수들도 에이밍 스틱이 없으면 클럽을 사용해서라도 본인의 얼라이먼트와 에이밍을 확인합니다.

골프 중계에서 선수들이 미스샷을 치고 난 뒤 첫 번째 하는 행동을 보면, 공이 있던 자리 뒤쪽으로 가서 방향을 제대로 섰는지 확인하거나 디봇 방향을 확인하는 것을 볼 수 있습니다. 또 다른 선수들은 매번 샷을 할 때마다 캐디가 와서 방향을 확인해 주곤 합니다(2019년 개정된 룰 이전). 올바른 스윙궤도를 갖고 싶다면 꼭 타겟의 연장선으로 에이밍과 얼라이먼트가 잘 되었는지 확인하셔야 합니다.

*에이밍(에임): 타겟에 겨냥, 조준하는 것

클럽을 한 개 놓고 연습하는 모습

클럽을 두 개 놓고 연습하는 모습

▶ **YouTube: 에이밍 스틱 사용법**

드라이버 셋업이 어렵습니다

드라이버를 처음 배울 때 '오른쪽 어깨를 오른쪽 아래로 떨어뜨리고, 머리는 공의 뒤쪽으로'라는 말을 듣습니다. 이렇게 치다 보면 잘 맞는 사람도 있겠지만 공이 맞지 않는 사람도 많을 것입니다.

드라이버 셋업 중 가장 중요한 것을 뽑자면 스탠스 폭과 볼의 위치입니다. 첫번째로 스탠스 폭은 스윙의 아크와 리듬이 직접적인 연관이 있으며 또한 넓은 테이크 어웨이에도 영향을 줄 수 있습니다. 두 번째로는 볼 위치입니다. 볼 위치를 왼발 뒤꿈치 안쪽에다 설정하는 것이 아니라, 그립을 잡고 헤드와 샤프트 양손을 일직선으로 만든 뒤 왼쪽 허벅지까지 가져다 놓았을 때 헤드가 있는 위치가 공 위치라고 생각하면 좋습니다. 클럽이 길다고 해서 공과 몸이 멀어지는 것은 금물입니다.

몸의 중심이 지나치게 오른쪽으로 기울어진 셋업

몸의 중심이 올바른 드라이버 셋업

▶ **YouTube: 드라이버 셋업 하는 법**

08

올바른 어드레스에 대해 알고 싶습니다

어드레스 때 몸과 공과의 거리, 스탠스 폭은 어떻게 해야 하나요?

골프 셋업에 대해서는 여러 가지 의견들이 많이 있습니다. 몸과 공의 거리, 스탠스 폭 이 두 가지를 예를 들어 보겠습니다.

우선 공이 가깝고 멀어짐에 따라 스윙 플레인이 변할 수 있습니다. 일반적으로 몸과 공의 간격은 클럽 끝과 몸이 주먹 하나 또는 하나 반개의 거리를 유지하라고 합니다. 그러나 이 기준은 상체가 얼마나 숙여지는지, 발바닥에 체중이 어디에 실려 있는지에 따라 다르기 때문에 클럽 끝과 몸의 간격으로 기준을 정하는 것은 주의해야 합니다.

어깨 넓이에 따른 스탠스 폭 이론도 사람 체형에 따라 다릅니다. 키가 작은데 어깨가 넓은 사람, 키는 큰데 어깨가 좁은 사람 등 다양하기 때문입니다. 단순히 어깨 넓이를 기준으로 스탠스 폭을 정하는 것은 원활한 몸통 회전과 체중이동은 물론 자연스러운 스윙을 하기 어렵습니다. 그러므로 내 몸이 게좌우로 움직이면서 좋은 밸런스를 유지하기 위해 각 클럽의 길이에 따라 나에게 맞는 스탠스 폭을 정

해야 합니다.

어드레스 때 공과의 거리를 이전에는 클럽으로 주먹 하나 반 정도 두라고 얘기했지만, 그렇게 되면 공과 몸이 가깝더라도 허리를 뒤로 얼마큼 빼느냐에 따라서 항상 공의 위치가 달라질 수밖에 없습니다. 거울에 비친 내 모습을 보고 상체 굽힘이라든지 무릎을 굽히는 연습을 하고, 그 굽힘이 유지가 됐으면 클럽을 자연스럽게 밑으로 떨어뜨려서, 내려오는 그 위치가 공의 위치라고 확인하면 됩니다. 공과 몸을 먼저 생각하지 말고, 상체 굽힘을 먼저 연습하고 그다음에 클럽을 내려놓고, 그 위치가 공의 위치라고 생각하면 됩니다.

또한 어드레스 때 왼팔은 약간 펴져 있는 느낌이 좋습니다. 펴져 있는 느낌보다 양팔의 팔꿈치가 어디를 보는지가 굉장히 중요한데, 이 팔꿈치가 골반 쪽, 양팔의 팔꿈치가 골반 쪽을 자연스럽게 가리킨 상태로 양손을 모으면서 잡히는 그림이 가장 이상적인 왼팔의 모양이라고 생각할 수 있습니다.

몸과 공의 거리가 너무 먼 어드레스

몸과 공의 거리가 너무 가까운 어드레스

올바른 어드레스

▶ **YouTube:** 어드레스 거리와 스텐스

어드레스 때 무게 중심은 어떻게 해야 하나요?

어드레스 때 중심은 무릎을 폈다고 생각하면 상체가 앞으로 쏟아지는 느낌이 있어야 하고, 쏟아지는 느낌을 방지하기 위해서 무릎을 약간 구부리면 제일 적당한 어드레스가 됩니다. 양발 앞꿈치에 중심이 실리는 것을 선호하거나 발바닥 전체에 실리는 것을 선호하는 개인마다 차이는 있을 수 있지만 대부분 양발의 중심과 앞꿈치 정도에 실리는 경우를 가장 선호하는 편이다. 상체가 자연스럽게 숙여지고 몸의 중심이 발 앞꿈치 끝에 실려 있어야 올바른 몸통 회전을 할 수 있습니다. 중심이 앞으로 실려야 상체의 굽힘이 자연스럽게 이루어질 수가 있고, 백스윙이 올라갈 때 상체가 위로 올라가는 현상을 방지할 수 있어서, 어드레스 때 양발의 중심은 발바닥 중간에서 앞꿈치에 주는 것이 가장 좋습니다.

▶ **YouTube: 어드레스 척추기울기**

어드레스 때 무게 중심을 잘 잡은 모습(정면)

어드레스 때 무게 중심을 잘 잡은 모습(측면)

어드레스 할 때 왼팔과 오른팔의 포지션이 궁금합니다.

어드레스 때 양팔의 포지션은 양손을 합장한 동작에서 양손을 왼쪽 허벅지 안쪽에 가져다 놓으면 오른 손목이 살짝 꺾이는 모양이 자연스럽게 나옵니다. 그 모양이 가장 보편적인 양손과 양팔의 위치입니다.

양팔의 포지션을 먼저 만들어놓고 그립을 잡는 연습을 해야 올바른 왼팔과 오른팔의 모양을 만들 수 있습니다. 양팔의 위치가 정확하지 않은 상태에서 그립을 잡게 되면 오히려 잘못된 그립이 될 수 있으니 주의하셔야 합니다.

어드레스 때 양팔이 너무 오른쪽으로 치우친 모습

어드레스 때 올바른 팔 포지션

Part 2

기초 스윙 훈련

Chapter 01

스윙 전반

머리를 움직이지 않고 경추를 고정시킨 모습

머리가 자연스럽게 따라 움직인 모습

09

올바른 스윙 자세에 대해 알고 싶습니다

공을 오래 보는 것이 헤드업을 하지 않는 방법인가요?

연습장이나 코스에서 초보자들이 가장 많이 듣는 이야기 중 하나가 헤드업을 하지 말라는 것입니다. 보편적으로 공을 오래 보고 있거나 머리가 움직이지 않게 손으로 머리를 잡아서 움직임을 제한하는 동작을 헤드업 방지 방법으로 알고 있죠. 하지만 머리를 잡고 치다가 오히려 목 디스크와 허리 부상이 올 수 있고, 스윙 시 기술적인 체중이동이 원활하게 되지 않을 수도 있습니다.

▶ YouTube: 임팩트시 공을 안봐도 되는 이유

헤드업은 머리 위치가 많이 움직인다는 것인데, 머리가 움직여서 공과 몸의 거리가 일정한 간격을 유지하기 어려운 것이고, 공을 오랫동안 보고 있으라는 것은 스윙할 때 공과 몸의 거리감을 느껴보라고 하는 것이 적당한 표현일 것입니다. 즉, 머리 위치는 고정하되 몸통이 좌우로 움직일 때 머리가 자연스럽게 따라 움직이라는 것이지 머리를 움직이지 말고 경추를 고정시키는 것은 아닙니다. 다운스윙 시 머리와 몸이 선행되어 피니쉬 동작으로 마무리되는 선수들도 여럿 볼 수 있습니다.

잭 니클라우스(Jack Nicklaus) 선수는 스윙을 시작할 때 머리를 살짝 우측으로 돌리고 시작하는데, 머리를 움직인 이후로 잭 니클라우스 우승의 역사는 쓰였다고 전해져 오는 이야기가 있으니 헤드업을 하지 않겠다고 머리를 지나치게 고정시키는 행동은 안 하는 것이 좋습니다.

따라 앞뒤로 움직이며 떨어졌다가 다시 붙기도 합니다. 앞으로 걸어갈 때 작게 팔을 움직이면 아주 가볍게 붙은 상태에서 움직이게 되고 팔 동작이 커지면 자연스럽게 떨어지다가 다시 붙는 동작인데, 이것이 스윙할 때 몸에서 팔이 움직이는 자연스러운 동작과 같습니다.

어느 지점에서 겨드랑이가 붙고 떨어지는 지를 의식하지 말고, 플레이어가 신경을 쓰지 않아도 자연스럽게 되고 있지 않은지 확인해야 합니다. 오래전부터 골프에서는 과한 것보다는 약간 부족한 것이 오히려 플레이에 더 큰 도움이 된다는 이야기가 있습니다. 물론 지나치게 붙고 떨어지는 현상을 보고 괜찮다고 말하는 것이 아니라, 그 전에 양팔과 양쪽 겨드랑이가 몸과 함께 자연스럽게 움직이는 것이 우선입니다. 이 글을 보고 골프를 20년 이상 치신 분들은 무릎을 치며 지금 당장 연습장으로 달려 나갈 것입니다.

스윙할 때 양팔이 몸통에서 떨어지거나 너무 경직됩니다

1990년대 영국의 닉 팔도(Nick Faldo) 선수 코치인 데이비드 리드베터(David Leadbetter) 코치가 한창 유명했을 때, 바디턴 스윙이 나왔고 양쪽 겨드랑이에 수건을 끼고 연습하는 방법이 있었습니다. 그때 당시 스윙 머신이라는 닉 팔도 스윙을 따라 하기 위해 연습장에서 많은 사람들이 수건을 사용해서 연습했습니다. 연습 방법에 대해 정확히 이해가 되지 않은 상태에서 연습을 했을 때 스윙에 대한 많은 부작용을 낳았고 저자 역시도 좋은 느낌을 갖지 못했습니다. 겨드랑이는 차렷 자세에서 붙는 정도라고 생각하면 되고 스윙할 때 그 겨드랑이는 팔의 움직임에

▶ YouTube: 스윙할 때 양쪽 겨드랑이가 떨어지는 사람

골프 스윙이 회전운동이라고 해서 좌우로 회전만 시켰더니 공이 맞지 않습니다

제가 골프를 시작했을 때 몇 년 동안 이 부분에 대해서 많은 어려움을 느꼈습니다.

90년대 초반 레슨을 받았을 때 회전운동이라고 해서 클럽을 좌우로 돌렸으나 백스윙이 너무 지나친 인사이드 스윙이었고, 정확한 스윙 궤도로 치게 되면 '이게 왜 회전운동이지'라는 의구심이 들었죠. 시간이 지나 선배들에게 조언을 듣고 배웠지만 선뜻 교정하기가 쉽지 않았습니다.

바닥에 있는 공을 맞추려면 손에 들고 있는 도구가 지면의 반대 방향으로 움직여야 하고, 그 공을 왼쪽으로 보내려고 하면 공의 옆을 맞추기 위해서 몸을 오른쪽으로 돌려줘야 하는데, 그 동작을 하나의 동작으로 만들어 준다면 가장 쉬운 백스윙 동작이 될 수 있습니다.

실질적으로 저자는 선수들을 교육할 때, 좋은 백스윙을 하고 싶으면 올바른 셋업과 테이크 어웨이 그리고 탑포지션을 중점적으로 시킵니다.

골프는 상하 운동인지 회전운동인지, 원심력의 움직임을 좌우로 할 것인지 위아래로 할 것인지보다, 결국엔 골프클럽으로 공을 칠 때 클럽이 위에서 아래로 내려가는 동작으로 힘을 전달할 수 있습니다. 그렇다고 해서 몸을 아예 움직이지 않으면 안 되고 몸의 좌우 회전과 팔의 위아래 동작이 적절히 잘 조합되어야 합니다.

▶ **YouTube: 골프스윙 올바른 회전방법**

10

클럽을 던져서 스윙하는 건 어떻게 하나요?

초급자들은 공을 치기 위해 오른손에 힘을 많이 주게 되고, 중급자들은 오른손에 힘을 주면 안 된다는 걸 알고 의식하다 보니 왼손에 힘을 더 많이 주게 됩니다. 미디어에서 이런 이야기를 많이들 합니다. "오른손에 힘 빼야 한다, 골프는 왼손으로 치는 거다" 그러면 왼손에 힘을 많이 주고 치게 됩니다. 하지만 클럽을 양팔로 잡고 휘두를 때 힘의 균형이 안 맞는다면 편안한 스윙을 할 수 없습니다. 양손을 이용해서 하나의 도구를 잡고 휘두르는 운동이기 때문에 양손으로 잡고 힘의 밸런스가 균등하게 들어가야 합니다. 상황에 따라서 임팩트 때문에 왼손이 좀 더 강하게 잡는 경우도 있겠지만, 무조건 오른손에만 힘을 뺀다고 해서 채가 던져지는 건 아닙니다.

클럽을 던지기 위해 가장 원초적인 답은 몸과 팔이 부드러워야 합니다. 때로는 하체도 올바른 방향으로 부드럽게 움직여줘야 클럽을 편안하게 휘두를 수 있습니다. 어드레스와 스윙하는 과정에서 몸이 부드럽다는 느낌을 많이 받아야 합니다. 왼손이든 오른손이든 똑같이 힘을 빼야 합니다. 왼손도 힘이 빠져야 하고, 오른손도 힘이 빠져야 합니다.

헤드만 던진다고 생각하지 말고 공이 있는 방향으로 클럽을 던져야 합니다. 백스윙을 들었을 때 공이 있는 쪽으로 클럽을 놓아주면 클럽은 자연스럽게 회전을 하게 됩니다. 하지만 심리적으로 공을 맞추려고 의식하면 헤드가 바닥 쪽으로 내려가지 못하고 빨리 지나가서 왼팔 또는 오른팔로 당겨지는 스윙을 할 수밖에 없습니다. 그래서 한 손으로 연습하는 게 가장 좋은 방법이지만, 양손을 번갈아 가면서 바닥 쪽으로 클럽을 계속 내려놓는 연습을 하셔야 합니다. 계속 내려놓는 연습을 하다 보면 몸이 부드러워지고, 자연스럽게 양팔의 힘이 빠지면서 클럽이 내려오는 낙차의 힘을 느끼면서 휘두르고 던져야 스윙 스피드를 늘릴 수 있습니다.

왼손으로 클럽을 던지는 연습 ⟶

오른손으로 클럽을 던지는 연습 ⟶

11

올바른 스윙 동작에 대해 알고 싶습니다

허리 회전이 빠르면 스피드가 올라가나요?

예전 국내 미디어에서는 '타이거 우즈의 허리 회전이 굉장히 빨라서 헤드 스피드가 빠른거다'라고 했습니다. 재미있는 것은 그때 타이거 우즈 인터뷰는 허리 회전이 너무 빨라서 허리 회전을 억제하면서 연습한다고 했습니다. 허리가 너무 빨라서 공이 일정하게 안 맞아서 허리 회전을 최대한 억제시키고 있다고 했습니다. 허리 회전이 스피드를 낼 수 있는 가장 큰 요소가 될 수도 있지만, 반대로 스피드를 저하시킬 수 있는 요소라고도 생각하셔야 합니다. 정확히 표현하자면 허리 회전보다는 몸통 회전이 빠르다고 보시면 됩니다. 우리 눈에 보여지는 허리가 돌아가는 것이 빠르다고 해서 스피드가 나는 게 아니라, 허리보단 몸통 회전이 빨라서 스피드가 나는 게 맞습니다. 몸통이라는 것은 어떤 특정적인 부분이 아니라 전체적인 몸의 회전을 말하는 것입니다. 몸통 회전이 빨라서 스피드가 나는 건 맞지만, 허리만 빨라서, 다리만 빨라서, 상체가 빨라서 스피드가 나는 건 절대 아닙니다. 허리가 너무 빨라서 밸런스가 무너지거나, 허리가 너무 빨라서 클럽이 같이 못 따라 내려가는 경우가 많기 때문입니다. 허리 회전에 대해서 첫 번째 점검해야 할 부분이 스탠스입니다. 무릎의 모양, 그리고 발의 모양에 따라서 허리 회전이 달라집니다. 핵심은 몸통 움직임이 빠르다고 하면, 양팔의 움직임이 항상 몸 앞에 있어야 합니다. 양팔이 몸 밖으로 벗어나 있으면 회전은 절대 빨라질 수가 없습니다. 양팔이 양쪽 어깨 앞쪽에 있어야 회전이 빨라집니다. 그렇게 해서 몸의 회전이 빨라지고, 몸의 회전이 빨라지면 헤드 스피드도 자연스럽게 늘어나게 됩니다. 허리보다는 정확하게 몸통 움직임에 대한 방법을 연습해야 회전도 빨라지고 스피드도 늘고 공도 정확히 맞출 수가 있습니다.

▶ **YouTube: 허리회전 사용방법**

발과 무릎을 너무 안쪽으로 모아 잘못된 스탠스

발과 무릎의 모양이 올바른 스탠스

회전하면서 자연스럽게 오른쪽 어깨가 떨어진 모습

허리가 너무 꺾이고, 오른쪽 어깨가 과도하게 떨어진 모습

장소협찬: 센추리21 컨트리클럽

스윙궤도 동작은 잘 나오는데 공을 맞추기가 어렵습니다

연습장에서 스윙플레인*은 잘 나오는데 공이 잘 맞지 않거나 방향이 좌우로 날아가는 경우가 종종 있을 것입니다. 이럴수록 아마추어 골퍼들은 스윙궤도 동작은 더 열심히 연습하지만 결국은 공을 잘 맞추지 못하게 됩니다. 스윙궤도에 문제가 없는데 궤도에만 집착하지 않았는지 고민해 볼 필요가 있습니다.

이 문제의 해결을 위해서는 스윙패스** 구간에서 클럽이 어떻게 움직이는지를 살펴봐야 합니다. 아마추어분들이 처음 스윙을 배울 때 동작의 큰 움직임(몸통 움직임, 체중이동, 양팔이 휘둘러지는 동작 등)에 대해서는 숙지를 하는데, 이렇게 스윙의 큰 움직임만 배우다 보면 양손으로 클럽을 움직여서 공을 맞추는 감각은 소홀해지게 됩니다. 어렸을 때 잣 치기 민속놀이를 해봤던 사람들은 공중에 뜬 막대기를 맞출 때 동작에 대한 정확성도 중요하겠지만 손의 감각도 하나의 움직임으로 같이 나와야 한다는 것을 알 것입니다. 스윙 동작은 어느 정도 이해가 되고 할 줄 아는데, 클럽에 공을 잘 맞추지 못하거나 공이 날아가는 방향이 일관적이지 못한 경우 스윙패스를 확인해 보아야 합니다. 스윙 궤도의 연습과 함께 스윙패스의 움직임을 느껴보면서 공이 날아가는 방향을 점검해 보시길 바랍니다.

* 스윙플레인: 골프스윙을 할 때 몸의 중심으로 회전하는 스윙면
**스윙패스: 공 앞에서 클럽헤드가 지나가는 방향

▶ YouTube: 스윙자세보다 중요한 것

연습장에서는 공이 맞는데 필드에서는 뒤땅과 탑볼이 납니다

공을 똑바로 보내는 것보다 정확히 맞추기 위해서는 스윙하는 과정에서 몸과 볼의 거리를 일정하게 유지하는 방법뿐인데, 이 동작을 위해서 헤드업도 하지 말라고 하는 것이며 밸런스도 유지하라고 하는 것입니다.

골프 코스에 나가면 변화된 환경 속에서 나도 모르게 몸의 근육들은 경직되어 제각기 움직이며 연습장에서 꾸준하게 훈련했던 스윙도 어디로 갔는지 머릿속이 하얗게 됩니다. 그럴수록 어드레스도 바꾸고 백스윙도 몸을 더 돌려도 보는데, 그러다 지쳐 마지막에 라운딩을 포기하고 마지막 남은 몇 홀을 치다 보면 공이 다시 잘 맞게 되는 경우가 종종 있습니다. 이럴 때일수록 생각을 바꾸어서 공이 안 맞게 되면 손이나 클럽으로 공을 맞추려고 노력하지 말고, 공과 몸의 거리를 유지하면서 몸을 자연스럽게 회전하고 팔은 몸의 움직임에 따라 편안히 회전하게 만들어 줘야 공을 정확히 맞출 수 있습니다.

공을 맞추려고 하면 더 맞추지 못하는 경우기 많기 때문에, 클럽헤드가 공이 있는 위치로 지나가면서 자연스럽게 공을 맞게 만들어 주는 것이 가장 좋습니다. 또한 두 눈으로 공을 보고 있으면 클럽을 잡은 양손은 본능적으로 공이 있는 위치로 클럽을 움직일 것입니다. 필드에서 연습스윙을 할 때는 스윙 동작보다는 몸과 공의 간격을 유지하는 감각을 느끼는 데 집중을 해야 할 것입니다.

▶ YouTube:

 정타 맞추는 법 1

 정타 맞추는 법 2

12

장타자가 되려면 무엇에 집중해야 하나요?

제가 한국의 장타자들을 오랜 시간 후원도 하고 교육 시킨 적이 있었는데, 재밌는 일화가 하나 있습니다. 이 선수들은 거리가 생명이니까 거리를 늘리기 위한 장비도 많고, 운동도 엄청 많이 하는 선수들이고, 그리고 매번 시합을 나가는 선수들입니다. 그 네 명의 선수가 모여서 스크린 연습장에서 여러 가지 연습을 해봤습니다. 허리도 빨리 돌려보고, 채 끝도 잡고 쳐보고, 티도 올려 쳐보고 있는 방법을 다 써보아도 헤드 스피드가 늘어나지 않고 오히려 감속되거나 똑같게 나왔습니다. 그렇게 한 시간 반 동안 드라이브를 치고 힘이 다 빠져서, 도저히 안 되는구나 하면서 마지막에 한 번만 더 쳐 보자 라고 해서 쓸 힘이 하나도 없는 상태에서 드라이버를 쳤는데 2마일이 늘어났습니다. 힘이 있을 때는 거리가 오히려 안 나가고 정확도가 떨어졌는데, 거의 반 탈진된 상태에서 공을 몇 개 쳤는데 오히려 그때 스피드가 더 빨리 나오고 공이 더 멀리 갔다는 겁니다.

골퍼가 힘을 강하게 준다고 해서 절대 스피드가 향상되는 게 아니라 공을 더 멀리 보내고 싶으면 공 앞에서 내 몸이 얼마만큼 자연스럽게 움직이는지 집중해야 하고, 한 번쯤은 그 선수들이 했던 것처럼 드라이버를 힘이 빠질 때까지 쳐보는 것도 좋은 방법입니다.

장타자들이 비거리 낼 때 가장 집중하는 것은 스윗 스팟을 맞히는 것입니다. 스윗 스팟을 맞히는 것이 첫 번째이고, 그다음에 스윙 스피드를 향상시키는 데에 집중해야 합니다.

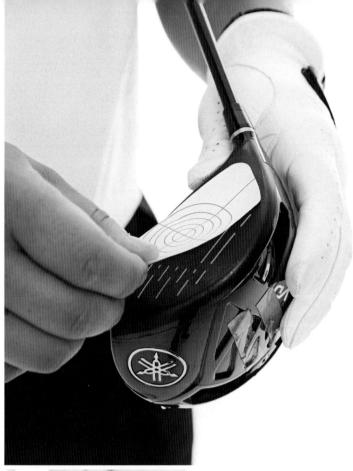

임팩트 테이프를 활용해
스윗 스팟에 맞히는 연습

▶ **YouTube**: 장타자 되는 법

02

Chapter

백스윙

13

백스윙 기본동작에 대해 알고 싶습니다

백스윙 스타트는 어떻게 하는 건가요?

백스윙 스타트는 여러 가지 방법이 있습니다.

클럽 헤드를 먼저 선행하시는 분도 있고 몸이 움직이면서 몸이 먼저 선행하시는 분도 있지만, 처음 원칙은 몸이 먼저 움직이는 게 맞습니다. 몸이 먼저 시작해서 클럽을 움직여줘야 합니다. 클럽이 정지되어 있으니까 몸을 먼저 시작해서 클럽이 움직이게만 해주고, 그다음부터는 클럽이 올라가면서 스윙이 되는 게 올바른 움직임입니다. 주의해야 할 점은 "몸으로 시작하세요"라고 해서 몸으로만 계속 가고, "클럽으로 시작하세요"라고 해서 계속 클럽만 가는데 그렇게 하면 안 됩니다.

자동차도 시동을 걸어주면 엔진이 알아서 움직이는 것처럼, 스윙에서의 시동 모터는 몸이라고 생각하셔야 합니다. 스윙할 때 클럽은 가만히 멈춰 있고, 이 클럽을 움직이기 위한 시동키(트리거 동작)를 무엇으로 할지는 개인마다 다르기 때문에 어떤 동작을 해도 상관이 없습니다. 하지만 트리거 동작이 꼭 필요하고 트리거 동작이 시작되면, 그다음부터 클럽으로 가는 게 가장 맞는 방법입니다.

테이크 어웨이 시작 시 클럽이 몸 뒤로 빠진 잘못된 모습

테이크 어웨이 시 클럽 헤드가 너무
가파르게 올라간 잘못된 모습

테이크 어웨이 시 클럽 헤드가
몸 앞에 정렬된 올바른 모습

▶ **YouTube: 백스윙 스타트**

백스윙 크기는 어디까지 해야 하나요?

클럽의 길이 또는 골퍼의 신장에 따라 백스윙 크기는 달라집니다. 특히 키가 큰 사람에게 짧은 채 같은 경우는 상하 움직임이 훨씬 더 많습니다. 하지만 드라이버처럼 채가 길면 좀 더 완만한 평면 스윙을 하게 되고, 몸통을 90도까지 움직일 수 있습니다. 또한 스탠스 넓이에 따라서 몸통 움직임이 다를 수가 있는데, 백스윙 크기를 왼쪽 어깨가 턱밑까지 오거나 척추 축이 기울어지지 않을 정도까지, 리버스 피봇팅이 되지 않을 정도까지 하는 게 가장 좋다고 생각합니다. 백스윙 크기는 개인마다 다 다를 수 있지만, 클럽을 잡고 몸을 오른쪽으로 회전시켜서 왼쪽으로 충분히 휘두를 수 있을 정도의 느낌으로 치셔야 합니다. 측정하는 방법은 메디슨 볼이라든지 간단하게 맨손으로 할 수 있는 방법이 있습니다.

상체가 뒤로 넘어갈 정도로 과도하게 큰 백스윙

올바른 크기로 한 백스윙

▶ YouTube: 백스윙 크기와 자세

백스윙 할 때 왼팔을 쭉 펴야 하나요?

백스윙 시 팔을 어느 정도까지 펴는 것은 맞습니다. 사람 체형마다 다르지만 저는 어느 정도 구부리게 가르치는데, 너무 구부리면 왼팔을 접어서 하시는 분들이 많습니다. 팔을 편 것과 구부린 것의 경계선이 어깨 모양이라고 보면, 백스윙을 올렸을 때 팔을 폄으로써 어깨가 위로 올라가 힘이 좀 많이 들어간다고 하면 어깨에 힘이 들어가지 않는 정도까지만 팔을 펴는 게 적당한 왼팔의 상태입니다.

세계적인 선수들도 왼팔을 쭉 편 상태에서 힘을 전달하기는 굉장히 어렵습니다. 그래서 왼팔을 약간 접었다 편다는 느낌으로 힘을 전달하는 연습을 많이 시키는데, 그러기 위해서 약간의 굽힘이 필요한 부분도 있습니다. 유연성이 좋아서 팔을 펴서 올렸는데 어깨에 힘이 많이 들어가지 않는다고 하면, 당연히 왼팔을 편 상태로 연습하는 게 좋습니다.

왼팔을 쭉 펴서 경직된 백스윙

왼팔을 적당하게 편 백스윙

▶ **YouTube:**

 백스윙 시 왼팔 1

 백스윙 시 왼팔 2

14

올바른 백스윙 자세가 궁금합니다

백스윙 시 몸통을 어디까지 회전해야 하나요?

일반적으로 90도 내지 그 이상 회전시키라고 하는데 정말 맞는 것일까요? TV에 나오는 선수들을 보면 90도까지 안 가는 선수들도 있고 그 이상 회전하는 선수들도 많습니다. 차라리 숫자의 개념보다는 몸의 움직임의 느낌으로 정하는 것이 필요합니다. 숏아이언은 90도가 안돌아 갈 것이고 드라이버는 90도나 그 이상 회전할 것입니다. 숫자에 맞춰서 몸을 무리하게 비틀고 있진 않은지 되돌아봐야 합니다.

백스윙 동작에서 몸을 과도하게 회전시키면 오버턴이라는 오류 동작이 나오는데, 오버턴은 스윙의 밸런스를 무너뜨리고 공을 정확하게 맞추기도 어려우며 스윙의 일관적인 동작도 어렵습니다. 많은 아마추어 분들을 보면 백스윙 시 90도 이상 돌려야 한다고 생각합니다. 사실 이 부분은 여러 가지 오류가 있습니다. 드라이버와 숏아이언의 경우 몸통 회전의 각도가 다르며 선수 개개인의 체형에 따라 몸통 움직임의 각도는 매우 다양합니다. 간단히 정리하자면 숏아이언 클럽이 짧고 클럽의 라이각이 가파르기 때문에 상체를 숙인 상태에서 백스윙을 하면 상체 움직임 각도는 90도가 되지 않고 클럽이 길어질수록 백스윙의 크기는 커지므로 90도 이상 회전하는 것이 좋습니다.

여러분이 보았던 백스윙 탑에서 등이 타겟 방향을 보고 있어야 한다는 이론은 긴 클럽에만 적용된다고 생각하시면 됩니다.

또한 몸의 정면에 있는 클럽으로 공의 위 또는 옆면을 클럽 헤드에 맞춘다는 생각하고 오른쪽으로 회전시킨다면 상체와 골반 무릎은 어드레스 각도에서 벗어나지 않게 회전시킬 수 있을 것입니다.

몸의 움직임을 원활하게 하는 연습 방법은 클럽을 등 뒤에 지고 어드레스를 한 다음 몸통 회전을 어드레스 기울기에 맞게 연습하는 것입니다. 매우 단조로워 보일 순 있지만 미국의 톰 왓슨(Tom Watson) 선수가 본인 골프 투어 인생 40년을 지내오면서 공을 잘 칠 수 있는 방법 중 한 가지를 꼽는다면 이 연습 방법이라고 했습니다. 주의할 점은 클럽 길이에 따라 어드레스를 정한 뒤 각 클럽 길이에 따라 몸통의 움직임을 다르게 느껴보는 것이 중요합니다.

몸통을 과도하게 회전한 모습(오버턴)   클럽을 몸 앞에 두고 어드레스 기울기에 맞게 몸통회전

▶ YouTube:

 백스윙 잘하는 법 1

 백스윙 잘하는 법 2

백스윙 시 몸통이 90도가 안 돌아갑니다

똑같은 스윙의 이론을 들어도 사람 체형마다 몸의 골격, 뼈의 굵기, 길이, 근육량의 차이에 따라 스윙을 하는데 모두 다를 수 있고 그에 따라 백스윙 시 몸의 회전도 다를 것입니다.

저자는 상체가 발달한 형인데 백스윙을 90도 돌리려고 할 때 매우 힘들었습니다. 설령, 돌아가더라도 공을 맞추기 어렵거나 백스윙 탑에서 양손의 위치가 몸의 뒤쪽으로 가깝게 붙어 매우 불편한 자세를 하고 있었고 백스윙 아크도 넓게 하는 것은 불가능했습니다. 이 문제를 고민하던 중 이안 츠릭 (Ian Triggs) 코치는 저자에게 두 가지 해결책을 알려주었습니다.

① 몸이 자연스럽게 회전하지 않으면 허리나 무릎을 좀 더 회전시킬 것
② 백스윙할 때 몸의 회전에 따라 머리를 자연스럽게 따라 움직일 것

이에 따른 연습방법은 입에 볼펜이나 나무티를 가볍게 물고, 백스윙할 때 정면을 가리키는 티의 위치가 자연스럽게 우측으로 10도 정도 따라 움직이게 해주는 방법입니다. 만약에 그래도 몸의 회전이 어렵다고 하면 백스윙할 때 왼발을 지면에 들어주는 힐업*을 시도해보시길 바랍니다.

*힐업: 백스윙 시 왼발 뒷꿈치를 지면에서 들어주는 동작

입에 티를 물고 백스윙하는 연습방법   허리를 좀 더 회전시키는 연습방법

백스윙 치킨윙 잘 고쳐지지 않습니다

치킨윙이 일어나는 이유를 살펴보면 클럽 무게를 이용하면서 백스윙을 시작했는지? 내 힘에 비해 너무 무거운 클럽을 사용하고 있지 않은지? 필요 이상 과도하게 백스윙을 하지 않았는지? 등을 확인해 보아야 합니다.

이론적으로는 양팔이 모아지고 삼각형 모양이 되어야 한다는 게 정석이지만, 어떤 선수는 오른쪽 팔꿈치를 뒤로 움직여서 백스윙 시 몸의 움직임과 양팔의 움직임을 더 원활하게 만들어 주었던 상황도 있었습니다.

탑스윙에서 오른쪽 팔꿈치가 벌어지거나 높아지는 동작이 나온다고 해서 바로 고쳐보려는 시도보다는 일단 클럽 위치와 다운스윙궤도를 눈여겨봐야 합니다. 다운스윙궤도가 정상적인 궤도에 잘 들어온다면 꼭 바꿔야 할 이유가 있는지, 상체 발달형 골퍼들은 양팔을 모아야 한다는 생각으로 백스윙 탑포지션에서 충분히 할 수 있는 백스윙 동작을 방해받고 있지는 않은지 점검해 보아야 합니다.

백스윙 탑포지션은 사람의 신체에 따라 양팔의 모양이 제각기 다른데 잭 니클라우스(Jack Nicklaus), 존 댈리(John Daly), 프레스 커플스(Fred Couples), 버바 왓슨(Bubba Watson), 매튜 울프(Matthew Wolff) 등 많은 선수들이 오른쪽 팔꿈치가 높거나 팔꿈치 방향이 지면이 아닌 상체 뒤쪽을 가리키고 있습니다. 치킨윙이 되더라도 몸의 피봇이나 상하체 포지션에 문제가 없다면 굳이 고칠 필요가 없다는 게 저자의 생각입니다.

오른팔 치킨윙 동작

오른팔 치킨윙 해결방법

왼팔 치킨윙 동작

왼팔 치킨윙 해결방법

▶ **YouTube: 치킨윙 이유와 해결방법**

03

Chapter

다운스윙

하체가 리드하면서 다운스윙하는 모습

15

다운스윙 기본자세가 궁금합니다

다운스윙할 때 하체 리드를 어떻게 해야 하나요?

하체의 움직임은 모든 스포츠의 가장 기본적인 움직임입니다. 도구를 사용하는 움직임 중에서 하체 움직임이 없는 동작은 없습니다. 하체의 움직임을 써야 파워와 스피드가 증가하고 올바른 스윙 궤도를 만들 수 있습니다. 하체 리드를 복잡하고 어렵게 생각하지만 의외로 간단합니다.

다운스윙 시 하체를 리드하기 가장 쉬운 방법은 백스윙이 올라가는 동시에 왼발을 살짝 들었다가 내려놓으면서 다운스윙을 시작하는 것입니다. 몸을 돌리고 회전시키는 것이 아니라 백스윙이 올라갈 때쯤에 왼발을 살짝 들었다 밟으면 이미 그 자체가 다운스윙이 시작되고 있다고 보면 됩니다. 다운스윙이 시작되어 임팩트에서 피니시로 넘어가면서 몸의 오른쪽 전체가 타깃 방향 쪽으로 회전하면서 전체 회전이 자연스럽게 이어진다고 생각하시면 됩니다.

▶ **YouTube: 골프 상하분리 연습**

다운스윙 할 때 왼발은 어느 부위를 밟나요?

다운스윙 시 왼발을 밟을 때 왼발 뒤꿈치로 밟아야 합니다. 하지만 몸의 전체적인 중심이 옮겨지지 않으면 발바닥으로 밟기가 쉽지 않습니다. 몸의 전체적인 중심이 살짝 왼쪽으로 움직여줘야 발바닥으로 밟을 수 있습니다. 공을 기준으로 머리 위치가 공의 오른쪽에 있을 때 절대 왼발에 체중을 실을 수 없게 되고, 스웨이 동작이 나오는 잘못된 스윙을 할 수 있습니다. 그래서 왼발에 체중을 옮기기 전에 머리의 중심이 어느 쪽에 있는지 확인해야 합니다. 공을

기준으로 머리 중심축이 가운데나 왼쪽에 있다고 하면 체중 이동이 훨씬 수월해 집니다. 왼발에 체중을 옮길 때 발의 바깥쪽으로 밟느냐, 안쪽이냐 뒤쪽이냐는 사람마다 다릅니다. 여러 가지 움직임을 해보고 본인에게 맞는 방법을 찾는 것이 좋습니다.

▶ YouTube: 다운스윙 발 밟는 법

다운스윙 시 중심 이동을 하면서 팔을 동시에 내리나요?

다운스윙 시 중심 이동을 할 때, 팔을 같이 내리는 것이 맞습니다. 축구 선수들이 공을 찰 때 보면, 공에 다가가서 왼발을 먼저 갖다 놓고 몸통을 휘둘러서 오른발로 공을 차는데, 중심 이동을 먼저 한 다음에 차는 게 맞는 것이죠.

처음에 연습할 때 동작을 나눠서 중심 이동을 먼저 하고, 공을 쳐보세요. 이게 숙련이 되면 중심 이동을 하면서 공을 바로바로 때릴 수 있는 습관이 생길 수 있습니다. 초반에는 완벽하게 나누어 연습을 해보세요. 중심 이동을 하고, 팔을 내리고, 중심 이동하고, 팔을 내리고를 반복하다가 익숙해지면 중심 이동을 하면서 바로바로 팔을 내려서 공을 치도록 연습을 하시는 게 굉장히 중요합니다.

중심 이동을 했는데 팔이 오른쪽에 남아 있는 잘못된 모습

▶ YouTube: 드라이버 인투아웃 스윙

중심 이동을 하면서 팔이 자연스럽게 내려온 올바른 모습

다운스윙 시 오른쪽 팔꿈치를 몸에 붙이라고 해서 붙였는데 공이 잘 맞지 않습니다

백스윙을 한 뒤 다운스윙을 시작할 때 왼쪽 무릎이 움직이고 하체 움직임에 따라 상체가 회전하면서 양팔은 자연스럽게 몸에 붙어 내려오게 됩니다. 이때 오른쪽 팔꿈치는 자연스럽게 몸에 붙어 내려오는 동작이 모든 코치들과 플레이어들이 추구하는 동작입니다. 그러나 공을 빨리 치려는 욕심 때문에 오른쪽 팔꿈치가 몸에 붙지 않거나, 너무 지나친 동작으로 필요 이상 몸에 붙어 내려와 공을 못 맞추는 현상까지 나타나게 됩니다.

다운스윙할 때 몸의 움직임에 따라 자연스럽게 양팔이 몸에 가까워지면서 몸과 함께 팔이 회전되는 느낌을 가지는 것이 중요합니다. 연습을 통해서 먼저 몸과 팔의 움직임, 협응 동작을 느껴야 합니다. 담당 코치와 비디오 영상을 찍어서 분석한 뒤 동작이 자연스럽게 나온다면 다행이지만 그렇지 않다면 부분적으로 단계를 나누어서 연습하는 것이 올바른 방법입니다. 특히 이 동작은 잘못 이해하면 차라리 안 하는 것만 못할 정도로 플레이어들이 잘 인식해야 합니다. 이 동작을 연습하다가 멀쩡한 스윙을 엉망으로 만들어 버리는 아마추어분들을 많이 보았습니다. 이 동작의 연습이 필요하다고 느껴지면 다른 스포츠 동작을 응용한 다운스윙 동작을 이해하는 것이 선행되어야 합니다.

다운스윙 시 오른쪽 팔꿈치가 몸에서 너무 멀어진 모습

다운스윙 시 오른쪽 팔꿈치가 몸과 너무 붙은 모습

다운스윙 시 올바른 오른쪽 팔꿈치 위치

▶ YouTube: 다운스윙 때 오른쪽 팔꿈치

16

다운스윙 문제점을 고치고 싶습니다

다운스윙 때 힘을 빼려니 스윙 스피드가 줄어듭니다

다운스윙 시 힘을 빼는데 스피드가 줄어든다는 건 잘못 이해하고 계시는 것입니다. 힘 빼는 것을 살살 치는 걸로 생각하시는 것 같은데, 힘을 뺀다고 해서 살살 치는 건 아닙니다. 힘을 빼라는 건 스윙을 하는 도중 몸을 얼마만큼 부드럽게 움직일 수 있는지를 표현하는 방법입니다. 동작을 자연스럽게 하려면 당연히 몸이 부드러워야 하고, 몸이 부드러우면 거기에 따른 스윙 스피드는 증가될 수 있습니다. 그러나 스윙 스피드만 빠르게 한다고 하면 각 관절마다 경직이 될 것이고, 움직임은 부자연스럽게 되며 스윙 스피드는 감소할 것입니다. 따라서 다운스윙 때 힘 빼는 동작을 정확하게 이해하셔야 합니다.

힘을 빼라고 하면 움직임의 자연스러움을 느끼라는 얘기지 어드레스 때 힘을 빼서 축 늘어지게, 채를 휘두를 수 없을 정도로 빼라는 얘기는 아닙니다. 골프 스윙에서 필요한 부분은 부드럽게 치는 것과 천천히 치는 것입니다.

▶ YouTube: 스윙스피드 늘리는 법

드라이버를 치면 슬라이스가 너무 자주 나는데 응급처방을 알고 싶습니다

아이언은 슬라이스가 안 나는데 드라이버가 슬라이스 난다는 것은 드라이버 클럽을 처음 접해서 익숙하지 않기 때문일 수도 있습니다. 드라이버가 채도 길고 공이 왼쪽으로 옮겨진 상태이기 때문에 슬라이스가 날 수 있는 여러 가지 요인이 있습니다. 채가 짧으면 슬라이스 날 수 있는 오차 범위가 줄어들고 똑같은 스윙으로 긴 클럽을 치면 슬라이스 날 수 있는 오차 범위가 더 커질 수가 있다고 생각하셔도 될 것 같습니다.

슬라이스를 고치는 방법 중에 드로우 구질을 칠 수 있는 연습을 하는 것도 효과적입니다. 공의 구질을 바꾸어서 변화된 스윙 느낌을 느끼면 비로소 슬라이스 구질을 바꿀 수 있습니다. 공이 목표 방향 왼쪽으로 출발해서 우측으로 휜다면, 우측을 보고 공이 우측으로 출발해서 왼쪽으로 돌아가는 구질이 드로우 구질입니다. 이때 몸과 팔, 손목의 움직임을 느낄 수 있어야 합니다. 슬라이스가 너무 심해서 골프를 정말 그만두고 싶을 때, 슬라이스 스윙의 반대 느낌을 가져 보는 것인데 이 부분이 악성 슬라이스로 고민하시는 분들의 마지막 연습 방법입니다.

▶ YouTube: 슬라이스 진단법

레깅을 하니 생크가 나고, 레깅을 안하니 다운스윙 때 캐스팅이 됩니다

다운스윙할 때 몸의 움직임 순서를 지키는 것 이외에 가장 많이 발생되는 문제점은 캐스팅*입니다. 다운스윙 시 캐스팅이 되면 볼을 정확히 맞출 수 있는 확률도 많이 떨어지고 거리도 일정하게 나가지 않습니다. 그래서 많은 플레이어들이 레이트 히트(late hit)** 및 레깅(Lagging)*** 동작을 많이 연습하게 되는데 이 연습 방법은 상급자가 아닌 초급자가 하기에는 많은 부작용이 따른다는 것을 알고 있으셔야 합니다.

레깅이라는 말의 뜻은 '그대로 뒤떨어진 또는 늦은'이라는 뜻인데 이해를 정확하게 하지 못한 상태에서 연습하게 되면 악성 생크 및 슬라이스가 날 것입니다. 혹은 레깅이 잘 되고 있음에도 불구하고 오히려 너무 깊게 생각하고 있는 것은 아닌지 생각해봐야 합니다.

손목을 유지한 채 끌고 내려오는 것이 아니라 말 그대로 클럽이 몸의 움직임보다 늦게 따라 움직이라는 것입니다. 가장 쉽게 수정할 수 있는 방법은 탑 오브 더 스윙에서 2초 동작 멈추었다가 풀스윙으로 끝까지 하면 1차적으로 수정이 될 것이고, 그 이후 수정 동작은 영상을 보면서 연습 방법을 따라 해보시길 바랍니다.

* **캐스팅:** 다운스윙에서 손목의 코킹이 일찍 풀리는 경우

** **레이트 히트:** 다운스윙에서 임팩트까지 골프채의 헤드가 손보다 늦게 작동되게 치는 샷 방식(디레이트 히트와 같은 뜻)

*** **레깅:** 다운스윙 시 몸보다 클럽이 늦게 따라 내려와 오른팔 각도와 양손의 손목 각도를 유지한 상태

▶ YouTube: 다운스윙 레깅 동작

다운스윙 시 자연스럽게 클럽이
몸에 따라 내려온 올바른 레깅

바닥 쪽으로 과도하게 끌고 내려온 잘못된 레깅   왼발 앞쪽으로 과도하게 끌고 내려온 잘못된 레깅

Chapter 04

피니쉬

17

올바른 피니쉬 동작에 대해 알고 싶습니다

피니쉬는 스윙의 전체적인 동작이 잘 되었는지 확인할 수 있는 가장 중요한 동작입니다. 일반 아마추어분들은 체중이동이 잘 되었는지, 머리의 움직임이 많았는지, 공을 띄워 쳤는지, 오른쪽, 왼쪽으로 갔는지 등은 중요하게 생각하지만 피니쉬 동작에 대해서는 소홀하게 생각하여 중요성을 느끼지 못하는 경우가 많습니다. 타종목의 스포츠에서도 마무리 동작은 매우 중요하게 여겨집니다.

피니쉬를 해야 하는 여러 가지 이유 중 첫 번째는 밸런스입니다. 피니쉬 자세가 유지되지 않으면 백스윙이 시작될 때나 다운스윙 시 몸의 균형이 무너지고 미스샷을 유발하게 됩니다. 연습장에서 피니쉬가 안 되면 필드에서도 피니쉬가 안 됩니다. 골프 코스에서 하이피니쉬를 하면 뒤로 주춤거리면서 공이 우측으로 높게 가고, 로우피니쉬을 하면 왼쪽으로 가기도 합니다. 이를 통해 플레이어가 가지고 있는 습관을 피니쉬 동작으로 약간의 변화를 주는 것도 고려해 볼 만합니다. 피니쉬 동작을 통해서 다운스윙과 폴로우스루의 전 단계를 알 수 있고 공의 구질에 따라 피니쉬 방법을 선택하고 교정해야 합니다. 그래서 외국의 유명 아카데미에서는 피니쉬하는 방법을 따로 가르치며, 롱게임과 숏게임도 마찬가지로 공을 치고 나서 공이 멈출 때까지 피니쉬 동작을 유지하는 것을 선호하는데 직접 코스에 나가거나 구력 5년 이상 됐을 때 그 이유를 알게 될 것입니다.

▶ YouTube: 피니쉬 자세 하나로 해결하기

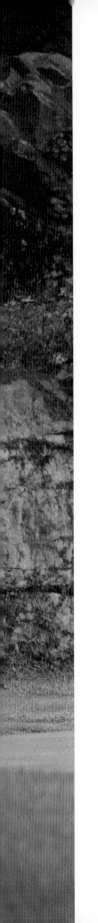

Part 3

심화 스윙 훈련

Chapter 01

드라이버

체중이 오른쪽에 남아 있는 모습

18

드라이버와 아이언의 차이를 알고 싶습니다

처음에 드라이버 훈련하는 법이 있나요?

아이언은 바닥에 붙어 있어서 불안하지 않은데, 드라이버는 공과 몸의 간격이 익숙한 느낌보다 멀기 때문에 어렵게 느껴집니다. 그리고 아이언보다 가볍고 멀리 나가는 채니까 힘으로 어떻게 해보려고 좀 더 빨리 휘두르거나 스윙 궤도를 만들어 보려고 하시는데, 한 가지는 꼭 알아두셔야 합니다.

드라이버는 몸과 클럽의 움직임, 흔히 말하는 체중이동이나 몸의 회전 움직임이 정확하게 나오기 전까지는 절대 팔로 세게 치시면 안 됩니다. 팔로 세게 치게 되면, 몸이 움직이기 전에 이미 팔이 지나가 버려서 느낌을 잡을 수가 없습니다. 몸의 움직임을 먼저 익혀야 방향성이 좋아지고, 나중에는 거리까지 늘어나게 됩니다. 몸의 움직임을 익힌 상태에서 공을 쳐야 체중도 더 실리는 느낌으로 칠 수 있습니다.

그리고 아이언은 '내려놓는다'라는 느낌이 있지만, 드라이버는 계속 휘둘러지는 느낌을 받아야 합니다. 휘둘러지는 느낌이란 백스윙이 올라갔으면 임팩트 구간 없이 피니쉬 동작까지 이어진다고 생각하셔야 합니다. 피니쉬 동작까지 갔을 때, 체크 포인트는 왼발 한쪽에 체중이 잘 실려서 몸의 정렬이 타깃 방향을 바라보고 있는지 확인해 주셔야 합니다.

체중이 왼쪽에 실린 모습

▶ YouTube: 처음 시작하는 분들을 위한 드라이버 훈련법

드라이버와 아이언 스윙 궤도와 동작의 차이

드라이버와 아이언의 다른 점이 무엇인지 정확하게 이해하셔야 합니다. 드라이버와 아이언은 길이, 무게, 로프트 각도, 생긴 것 모두 다릅니다. 가장 처음 보이는 차이가 길이 차이인데 빗자루로 예를 들자면, 방에서 쓰는 조그만 빗자루와 마당 하나 쓰는 긴 빗자루를 사용할 때 동작이 다른 것을 생각하시면 됩니다. 동작이 다르기 때문에 아이언 스윙 배운 것을 드라이버에 똑같이 적용하거나 드라이버에 했던 스윙을 아이언에 똑같이 적용하면 안 됩니다. 드라이버는 잘 맞는데 아이언이 안 맞고, 아이언은 잘 맞는데 드라이버가 안 맞는 분들은 리듬, 타이밍 모두 다르다는 것을 인지하셔야 합니다.

브라이슨 디샘보(Bryson DeChambeau) 선수 같은 경우는 7번 아이언 기준으로 피칭웨지까지 길이가 다 똑같습니다. 클럽의 로프트 각도가 다른 것이기 때문에 7번 아이언으로만 스윙한다고 생각하고 공을 친다고 합니다. 이런 변수가 있을 수도 있겠지만(물론 디샘보 선수도 드라이버와 아이언 스윙은 다릅니다) 다르다는 것을 인지하고 연습하는 것이 필요합니다. 채의 길이가 다르기 때문에 스윙 궤도가 다르고, 스윙 궤도가 다르면 전체적인 폼도 달라질 수밖에 없고, 다르다는 걸 인식하고 조금씩 변화를 줘서 연습하는 게 올바른 연습 방법이라고 할 수 있습니다.

아마추어분들이 스윙을 어려워하는 여러 가지 이유 중 하나가 이 부분인데 깊게 생각할수록 답을 찾기 더 어려울 수 있습니다. 해결방안은 공과 몸이 가까이 있을 때와 멀리 있을 때를 생각하고 연습하시면 됩니다. 공과 몸의 거리에 따라서 테이크어웨이가 짧아지거나 길어지고, 그에 따라 클럽 페이스의 움직임이 몸의 회전에 따라 자연스럽게 이루어진다면 최고의 백스윙 스타트를 할 수 있을 것입니다. 지나치게 클럽의 움직임이나 손의 움직임에 대해서 생각하지 말아야 합니다.

드라이버와 아이언의 궤도 차이

▶ **YouTube: 드라이버와 아이언의 궤도 차이**

잘못된 체중이동의 오른발 움직임

19

올바른 드라이버 자세를 알고 싶습니다

드라이버샷 시 오른발을 붙여야 하나요?

짧은 클럽은 크게 상관없지만 긴 클럽을 칠 때 오른발을 붙여야 하는지 떨어뜨려야 하는지 궁금해 하시는 분들이 많습니다. 정확히 말하면 오른 발바닥은 지면에서 비스듬히 떨어져 있어야 합니다. 그 이유는 체중이동도 있지만 가장 중요한 것은 다운스윙 시 몸의 움직임입니다. 오른발이 떨어져야 한다고 해서 공 쪽, 즉 앞으로 떨어지는 것이 아니라 오른 무릎이 왼쪽 무릎과 가깝게 움직이는 과정에서 비스듬히 떨어져야 합니다. 오른발을 붙이고 공을 치는 연습 방법도 있는데 이 방법은 정확히 맞추는 데는 도움이 될 수 있겠지만 원하는 비거리를 얻기는 어렵습니다.

오른발이 오랫동안 붙어 있는 플레이어들은 오른발에 있는 체중을 왼쪽으로 옮기는 연습을 하시는 것이 좋습니다. 오른발 뒷꿈치에 공을 밟고 치는 법, 베이스볼 스텝 등 여러 가지가 있는데 이러한 방법으로 이미지 스윙 연습을 한 뒤 공을 치는 것을 추천해 드립니다.

올바른 체중이동의 오른발 움직임

▶ YouTube: 드라이버샷 시 오른발

드라이버 칠 때 지면 반발력이 필요한가요?

'지면 반발력'은 백스윙에서 다운스윙으로 움직일 때 지면을 눌러서 펴주는 동작으로, 스피드를 증가시키는 몸의 움직임입니다. 역도는 힘으로 드는 게 아니라 발의 미는 힘으로 더 강한 힘을 만들어 바벨을 들어 올리는, 지면 반발력을 가장 많이 쓰는 스포츠입니다. '올려서 미는 힘'이라고 학습에 그치는 것이 아니라 근본적으로 지면 반발력에 대한 이해가 필요합니다.

지면 반발력을 쓰는 선수에게 지면 반발력을 썼냐고 물어보면 그냥 똑같이 휘두른다고 얘기합니다. 그 선수들은 어렸을 때부터 공을 쳐왔기 때문에 팔에 힘이 없어서 백스윙 클럽을 올려서 5초 동안 정지하라고 하면 채를 못 들고 있습니다. 그래서 시작할 때도 몸으로 올립니다. 다운스윙할 때 클럽을 휘둘러야 하는데 팔에 힘이 없다보니 하체의 움직임과 무릎을 이용해서 발의 뒤꿈치가 지면에서 떨어지면서 클럽을 휘두르는 동작이 자연스럽게 습득되는 것입니다.

지면 반발력을 사용한다고 해서 거리가 많이 나가는 것은 아닙니다. 물론 스윙 스피드 향상에 도움은 되겠지만, 첫 번째로는 상체를 부드럽게 해서 지면 반발력 움직임을 어렵지 않게 접근할 수 있고 그에 따라 증가되는 헤드 스피드가 비거리에 영향을 미칠 것입니다.

따라서 지면 반발력을 사용하려면 첫 번째로 무엇부터 시작해야 하는지 알고 시작하는 것이 중요합니다.

물론 방향성을 높이기 위해 지면 반발력 없이 치게 되면 비거리는 줄지만, 정확성은 좋아지기 때문에 어떤 방향을 선택해서 공을 치느냐가 중요합니다. 지면 반발력을 사용해서 비거리를 늘리고 싶다면 가능한 상체의 힘을 부드럽게 쓰면서 하체의 움직임에 집중하여 이 하체의 움직임에 따라 상체가 덜 쓰이게 해야만 지면 반발력을 이용해 비거리가 늘 수가 있습니다.그리고 연습을 통해 어느 정도 익숙해지면 지면 반발력을 쓰면서 동시에 상체 힘을 써도 크게 잘못되지 않습니다.

▶ YouTube: 지면반발력 사용법

다운스윙 시 미니 스쿼트 자세

왼쪽 무릎이 펴지며 오른발로 지면을 밀어주는 자세

드라이버 스윙할 때 갑자기 끊기는 느낌이 듭니다

초보자분들은 기본적으로 아이언이나 드라이버 모두 공을 강하게 때리려는 생각이 있습니다. 그리고 무조건 힘으로 치시는 분들은 공 앞에서 스윙이 끊길 수밖에 없는데, 백스윙부터 피니쉬까지 한 번에 휘두르는 것이 중요합니다.

드라이버 같은 경우 "막힘없이 휘둘러 봐라, 백스윙 올라가서 다운스윙에서 임팩트까지 멈춤 없이 한번 휘둘러 보세요"라는 얘기를 하고, 연습장에서는 잘 되는데 필드에서는 안 되는 경우가 많이 있습니다. 이럴 때는 백스윙 올라가고 피니쉬까지 일정한 템포로 스윙해 보시는 것이 좋습니다. 끊기시는 분들은 다운스윙이라든지 임팩트, 팔로우스루 중 어떤 한 구간에서 급격하게 스피드를 내야겠다는 생각에 인위적으로 손이나 손목으로 스피드를 내려고 하시는 분들이 많습니다. 그러다 보면 전체적인 리듬이 깨지기 때문에 스윙이 한 번에 휘둘러지지 않게 됩니다. 그래서 백스윙부터 피니쉬까지 연결시켜서 스윙하려고 하면, '일정한 속도'로 피니쉬까지 넘어가는 연습을 하셔야 합니다. 그리고 필드에서는 피니쉬 잡고 바로 푸는 게 아니라 3초 정도 머무는 동작 연습을 하는 게 효과적입니다. 첫 번째 해야 할 것은 백스윙이 올라가서 '다운스윙-임팩트-팔로우스루-피니쉬'까지 한 템포로 일정하게 속도를 만들어 내서 스윙을 하면 끊기지 않는 동작을 할 수 있습니다. 그렇게 하다 보면 플레이어 생각에는 빠르게 스피드를 낸 느낌은 안 나지만, 실질적으로 기계로 측정해보면 오히려 더 빠른 스피드가 나오게 됩니다. 또 한 가지 방법으로 풀스윙 크기에서 50% 힘으로 쳐보시는 것도 끊기지 않고 한 번에 휘두르는 동작에 큰 도움이 될 것입니다.

▶ **YouTube: 드라이버 잘 치는 법**

20

드라이버 비거리가 고민입니다

드라이버 스윙은 좋지만 거리가 나지 않아 늘리고 싶은데 방법을 모르겠습니다

드라이버 스윙은 좋은데 클럽 헤드 스피드가 느려 공을 치는 느낌이 나지 않는 경우가 있습니다. 클럽 헤드 스피드는 다운스윙 때 갑자기 가속력이 나지 않고 롤러코스터처럼 물체가 지면에 가까워지면서 점차 가속력이 늘어납니다. 그 가속력을 이용해서 강하게 스윙하는 것이 스피드를 증가시킬 수 있는 가장 쉬운 방법입니다. 그러나 대부분의 아마추어분들은 강한 허리 스핀이나 손목 움직임으로 바람 소리를 내면서 스윙스피드를 내는 경우가 많습니다. 그러나 클럽을 피팅하는 피터들은 비거리 측정을 위해서는 헤드 스피드보다는 볼 스피드를 더 중요시 여깁니다. 비거리는 모든 사람의 로망이자 스코어를 줄이기 위한 필수조건이지만, 오랜 시간 느낌을 가지고 연습을 통해서 이루어진다는 것을 아셔야 합니다. 주니어 선수들을 가르치다 보면 성장기 때 비거리가 가장 중점적인 부분이긴 하나 모든 것은 훈련에 의해 단계적으로 이루어집니다. 몸을 사용하는 방법부터 시작해서 힘을 집중시키는 방법, 몸을 최대로 이완시켜서 스피드를 내는 방법, 스윙을 시작하기 전 몸의 움직임에 탄력을 주는 방법 등 여러 가지가 있습니다. LPGA 리디아 고(Lydia Ko) 선수는 한동안 좌우 스텝을 번갈아 가며 티샷을 쳤고, KPGA 김혜윤 프로 역시 베이스 볼 타법으로 1부 투어를 다녔습니다. 첫술에 배부를 수 없는 법이니 나에게 맞는 방법을 찾아 내 것이 될 때까지 꾸준히 연습하셔야 합니다.

▶ YouTube: 드라이버 비거리 늘리는 법

장소협찬: 센추리21 컨트리클럽

바람이 많이 부는 날 넉다운 샷 연습하는 법

바람이 강한 날 사람들이 스코어를 많이 잃어버리는 이유는 탄도가 많이 뜨고, 바람이 많이 불기 때문에 공을 강하게 때리고 싶다는 심리 때문입니다. 탄도를 낮게 하기 위해서 넉다운 샷을 많이 치는데 올바른 방법이 있습니다. 넉다운 샷을 칠 때 '박아 쳐야 된다, 눌러 쳐야 된다'는 생각에 공을 세게 눌러 쳐서 박아 치는 디봇이 크게 나는 샷이 많이 나오지만 그렇게 하시면 안 됩니다.

넉다운 샷을 치려고 하면 첫 번째, 클럽은 여유 있게 잡으셔야 합니다. 충분히 여유 있게 잡은 상태에서 스윙을 하면 몸이 좀 덜 움직이게 됩니다. 사람 심리가 버거리에 딱 맞는 클럽을 선택하고 그 거리를 보내려고 하면 누구나 다 힘이 들어갈 수밖에 없습니다. 스윙 동작에 힘이 들어가면 임팩트 때 왼쪽 어깨가 올라가고 그렇게 되면 낮은 탄도로 칠 수가 없기 때문에 클럽 선택을 여유 있게 하고 부드러운 스윙을 하셔야 합니다. 그리고 스탠스를 좁게 써야 합니다. 스탠스가 넓어지면 체중이동이 좌우로 많아지기 때문에 스탠스를 좁게 쓰고 드라이버와 아이언에서 로우 피니시를 하면서 잔디에 디봇을 적게 내고 치셔야 합니다. 공을 필요 이상으로 찍어 치면 클럽 페이스의 스윗 스팟 위쪽에 맞기 때문에 탄도가 높아질 수밖에 없습니다.

그리고 한 가지 팁을 드리자면 드라이버 칠 때 티 높이가 매우 중요합니다. 스탠스라든지 피니쉬를 낮게 하는 동작을 하더라도, 티 높이가 높으면 공이 뜨게 됩니다. 제가 선수들 가르칠 때, 탑핑을 맞을 것 같은 느낌이 들 정도까지 티 높이를 낮추라고 합니다. 그래도 공은 다 맞고 떠서 나갑니다. 탑핑이 날 정도까지 불안감이 생길 정도로 티를 낮게 놓고 치시면, 공이 절대 뜰 일이 없습니다. 공을 위에서 내려 봤을 때 불안감을 느낄 수 있지만, 옆에서 보게 되면 공과 헤드 높이가 같기 때문에 탑핑이 날 수가 없습니다. 만약 탑핑이 났다면 스윙을 잘못한 것이지 티 높이가 문제가 아닙니다.

낮은 티 높이

보통 티 높이

02

Chapter

아이언, 유틸리티

21

롱아이언과 유틸리티 클럽으로 공 맞추기가 어렵습니다

미들아이언과 롱아이언 클럽의 길이가 얼마나 차이가 날까요? 실제로 길이를 재보면 조금밖에 차이가 나지 않습니다. 클럽 길이가 조금 차이가 나는데 마음의 부담을 느껴서 강하게 칠 필요가 있을까요? 강하게 친다는 느낌보다는 스윙을 피니쉬까지 한 번에 이루어지도록 하고, 어드레스 한 뒤 공의 옆을 맞춘다는 느낌으로 스윙을 하면 일단 공은 앞으로 나갈 것입니다. 우선 이것을 먼저 연습한 다음 방향과 거리에 대한 훈련을 해야 합니다.

예전에 타이거 우즈도 "롱아이언 칠 때는 퍼팅 연습처럼 친다"라는 얘기를 한 적이 있습니다. 미들아이언을 어느 정도 치는데 롱아이언 쳤을 때 거리가 안 나시는 분들은 가볍게 스윙해서 정타를 맞춰서 치다 보면 필드에 가서 롱아이언도 거리가 나갈 수 있습니다. 드라이버 비거리가 평균 230~240m 정도 나가줘야 롱아이언을 좀 다룰 수 있는 기술이 되기 때문에, 만약에 드라이버가 210m 밖에 나가지 않는다고 하면 굳이 롱아이언을 치려고 하지 마시고 유틸리티 클럽으로 스펙을 바꾸시는 것도 좋은 방법이라고 생각합니다.

▶ **YouTube:** 유틸리티 클럽 사용법

22

아이언과 유틸리티 샷을 잘하고 싶습니다

아이언샷을 연습할 때 공의 위치가 바뀐다고 공이 잘 안 맞나요?

정확한 공의 위치는 어디라고 생각하시나요? 공의 위치가 좌우로 변함에 따라 공을 정확히 맞출 수 없는 것인가요? 기존 책에 나와 있는 것처럼 클럽마다 정해져 있는 볼 위치를 지키면서 연습하는 것은 매우 중요합니다. 그러나 저자는 좌우로 공의 위치가 바뀌었다고 정확히 맞출 수 없는 경우는 없다고 생각합니다. 골프 코스에 가면 바람에 따른 탄도 조절은 물론 골프 코스 공략에 따라 공의 좌우 위치는 언제든 바뀔 수 있고, 이것은 우드나 아이언샷도 같은 조건입니다. 아이언샷을 할 때 플레이어마다 공의 위치는 약간 다를 수 있지만 나에게 적절한 공의 위치가 어디인지 정한 다음 그 기준에서 하나 또는 두 개 공을 좌우로 옮겨 연습하면 좋습니다. 옮겼을 때 어떤 변화가 생기는지 습득한 다음 골프 코스에서 적절히 활용할 수 있어야 합니다.

▶ **YouTube: 아이언샷의 볼 위치**

공 위치 왼쪽

공 위치 가운데

공 위치 오른쪽

유틸리티는 찍어 치는 건가요, 쓸어 치는 건가요?

유틸리티는 잔디에서 바닥에 놓고 치는 것이니 공이 있으면 그 부분에 채가 정확하게 떨어지면서 스윙해야 하는데, 탑핑과 뒤땅은 클럽 헤드가 공에 접근할 때 지면에 너무 붙어 쓸면서 들어오다가 올려치는 스윙을 하면서 나게 됩니다. 정확히 못 맞히는 데는 이유가 있습니다. 유틸리티는 사람들이 우드라고 생각해서 자꾸 쓸어 치려고 하는데, 유틸리티는 약간 찍어 쳐야 합니다. 엎어 치라는 게 아니라 공을 먼저 맞추는 연습을 하셔야 합니다. 잔디를 맞추고 공을 맞추는 것이 아니라 공 먼저 맞추는 느낌을 가지셔야 공을 정확히 맞힐 수가 있습니다.

잔디가 굉장히 짧거나, 공이 바닥에 붙어 있는 경우는 찍어 쳐야 하지만 공이 잔디에 떠 있을 때는 쓸어 쳐야 합니다. 러프나 잔디가 많이 올라와 있을 때, 바람이 불 때, 이런 상황에서는 당연히 찍어 치면 안 되고 쓸어 쳐야지만 공만 정확히 맞출 수 있습니다. 찍어 치는 것과 쓸어 치는 것을 봤을 때 기본적으로 찍어 치는 연습을 해야 합니다. 찍어 칠 때는 공을 직접 맞춘다는 생각으로 쳐야 합니다. 땅이 딱딱한 경우는 찍어 치고, 땅이 부드럽고, 바람이 불거나 러프 지역에서는 공을 쓸어 쳐서 자연스럽게 클럽이 잔디에 걸리지 않고 빠져나가게 만들어주는 것이 가장 좋습니다.

몸의 중심을 오른쪽에 두고 쓸어 치기

몸의 중심을 왼쪽에 두고 찍어 치기

▶ **YouTube: 유틸리티 찍어칠까, 쓸어칠까**

Chapter

03

벙커샷

23

페어웨이 벙커에 들어갈 때마다 온 그린을 하기 어렵습니다

선수들의 드라이버샷 페어웨이 안착률은 평균 60%에서 70%입니다. 14개를 친 공들 중 대략 4, 5개 정도는 러프나 벙커에 들어간다는 것인데 대부분 어려움을 겪는 것은 러프보다는 페어웨이 벙커입니다. 대부분 공이 그린에 올라가지 못할 걱정에 있는 힘껏 휘두르게 되는데 이러한 동작은 다운스윙 시 상체가 왼쪽이 높게 들리고 오른쪽으로 머리가 기울어지면서 클럽이 공 뒤에 모래를 내리치는 결과가 나올 수 있습니다. 남아 있는 거리보다 한 클럽 이유 있게 잡고 페어웨이에서 하는 스윙과 똑같이 해야 합니다. 양발이 모래 에 묻히지 안도록 해야 하며. 짧은 거리든 긴 거리든 공을 정확하게 (공의 중간 부분) 맞추는 것을 어려워하는 플레이어는 이 영상을 보고 아주 쉽고 간단하게 문제점을 해결할 수 있을 것입니다.

▶ YouTube: 페어웨이 벙커샷

어드레스 임팩트시 공의 중·하단 맞추기

페어웨이 벙커에서 잘못된 임팩트 동작 페어웨이 벙커에서 올바른 임팩트 동작

24

벙커샷 시 공이 높게 뜨지 않습니다

아마추어분들이 연습하지 않고 좋은 결과를 얻고 싶어 하는 것 중 하나가 벙커샷입니다. 연습장에서 연습을 하기도 어려울뿐더러 벙커에 들어가면 스탠스는 어떻게 해야 하는지, 스윙 궤도는 어떤 식으로 해야 하는지 혼란스럽고 모래를 폭발시켰는데 공은 뜨지 않고 그린을 넘어가 버리는 현상이 자주 일어나곤 합니다.

공을 띄우기 위해선 딱 두 가지 방법만 연습하면 됩니다. 그립을 잡고 클럽 페이스를 오픈하는 것이 아니라 클럽 페이스를 열어 놓고 그립을 잡아야 하며, 임팩트 때 리딩 엣지(Leading Edge)가 아닌 클럽의 바운스(Bounce)가 모래에 닿는 연습을 해야 합니다. 공 뒤 3cm를 칠 필요 없이 클럽의 바운스로 공 뒤 모래를 치면 자연스럽게 공 뒤 3cm 모래가 파이는 것을 볼 수 있습니다.

오래전 기억을 떠올려보면 아버지와 저는 집 앞 공사장을 찾아 흙을 고른 뒤 공이 없이 선을 그어놓고 그 선을 맞추는 연습을 많이 했었는데 실질적으로 공을 치는 것보다 더 좋은 훈련 방법이었습니다. 시간이 지나 이안츠릭 코치에게 벙커샷 레슨을 받을 때, 공을 치지 않아도 모래를 리딩 엣지로 친 것인지 바운스로 친 것인지 느낌을 찾는 방법을 배운 후 벙커샷은 정말 쉬워졌습니다. 모래를 쳐나가는 소리가 다른데 바운스로 친 모래는 말 그대로 '퍽'하는 소리가 묵직하게 나면서 모래양이 일정하게 퍼져 나가는 것이 느껴집니다. 바운스로 모래를 치는 연습을 처음 하면 리딩 엣지가 들린 상태에서 공에 접근하기 때문에 매우 불안해 할 것이고 탑핑도 많이 날 것입니다. 그렇다고 이 연습을 멈추면 벙커에서 항상 보기 또는 더블보기를 할 것입니다. 탑핑이 날수록 무릎과 허리 높이를 더 유지하는 것에 집중하면 벙커에서 멋진 리커버리샷을 만들 수 있습니다.

리딩 엣지

바운스

▶ **YouTube: 벙커샷 탈출법**

25

벙커샷 30m부터 50m 치는 것이 너무 어렵습니다

골프 코스에서 그린 주위의 10m 남짓 거리 벙커에서는 탈출을 잘하나 약간 멀리 있는 30m 이상 거리의 벙커샷을 해야 하는 경우 아주 난감한 상황이 생깁니다. 이 정도 거리의 벙커샷은 공만 맞춰야 하는지, 아니면 일반 벙커처럼 모래를 쳐야 하는지 정확한 답은 없습니다. 그래도 긴장감이 있는 골프 코스에서 선수들이 유용하게 사용하는 방법은 모래를 치면서 벙커샷을 하는 것인데 이 방법은 의외로 간단합니다.

먼저 그린 주위 벙커에서는 샌드웨지만 사용한다는 생각을 버리고 갭 웨지부터 9번 아이언까지 사용할 수 있어야 합니다. 클럽 페이스를 약간 오픈시켜서 공의 풀스윙으로 뒤쪽 모래를 치면 약간 낮은 탄도로 공이 날아가 그린에서 굴러가는 공을 볼 수 있습니다. 일반 벙커샷과 똑같이 한다고 하면 30~50m 벙커샷도 쉽게 할 수 있습니다.

▶ YouTube:

 벙커샷 잘하는 법 1

 벙커샷 잘하는 법 2

8번 아이언 벙커샷

피칭 웨지 벙커샷

Chapter 04

어프로치

26

올바른 어프로치 자세가 궁금합니다

어프로치 시 모래가 많은 잔디에서는 어떻게 치나요?

어프로치 할 때 스윙 크기는 백스윙 후 폴로우스루로 비례하게 정합니다. 비례하게 정하고 나서 똑같은 백스윙 크기에 폴로우스루 크기를 좀 더 하게 되면 비거리가 좀 더 늘게 됩니다. 가장 기본적인 것은 백스윙과 폴로우스루의 크기와 비율을 통일화하고, 30m, 50m, 70m 이렇게 20m 단위로 거리를 늘리려고 할 때 백스윙을 크게 하셔야 합니다.

하지만 5m·10m 단위 같은 경우는 백스윙 크기를 정하기가 굉장히 어렵습니다. 맞는 느낌을 좀 더 강하게 받는다든지, 폴로우스루를 좀 더 크게 해 주는지에 따라서 5m에서 10m 차이가 나기 때문에, 굳이 5m·10m 때문에 백스윙을 크게 하는 게 아니라 20m 정도 차이여야 백스윙을 크게 하는 게 맞습니다. 어프로치 시 모래가 많은 잔디에서는 클럽 라이각을 세우고 퍼터처럼 치시는 것이 유리합니다.

▶ **YouTube: 어프로치 치는 법**

어프로치 할 때 왼발에 체중을 몇 % 실어야 하나요?

어프로치 할 때 왼발에 체중을 많이 싣지는 않고, 실리는 느낌만 가져야 합니다. 의식적으로 '왼발에 실어야겠다'가 아니라 척추의 기울기가 왼쪽으로 기울어지는 느낌이 들면 왼발에 체중이 실린다는 느낌이 드는 것입니다. 척추가 가운데 있으면 바로 된 느낌이고, 척추가 오른쪽으로 기울어져 있으면 체중이 오른쪽에 있는 느낌인데, 섰을 때 체중을 왼발로 실어야겠다고 생각해서 왼쪽으로 밀어놓으면 오히려 척추가 오른쪽으로 휘어서, 체중이 왼쪽에 실리는 느낌인 것 같지만 결국에는 체중이 오른쪽에 남아 있게 됩니다. 그래서 척추 기울기를 왼쪽으로 기울여서 체중이 자연스럽게 왼쪽에 실리도록 해야 합니다. 어프로치 짧은 것은 80% 정도 체중을 싣고, 그 80%가 거의 움직이지 않은 상태에서 샷을 하면 됩니다.

▶ YouTube: 어프로치 체중이동

백스윙 시 오른 손목 고정

임팩트 시 오른 손목 고정

어프로치샷 시 오른쪽 손목이 움직여서 공이 정확히 맞지 않습니다

어프로치를 처음 접하거나 골프 구력이 1년 정도 된 아마추어들은 그린 주위에서 어프로치샷을 할 때 손목의 움직임이 과도해서 공을 맞히기 어려워합니다. 그래서 손목을 단단히 고정하고 어프로치샷을 하는데 그렇게 되면 공의 임팩트가 강하게 이루어져 거리 컨트롤이 힘든 상황이 되고, 공을 부드럽게 치고 싶다는 생각에 다시 손목을 움직이게 되는 악순환이 반복되게 됩니다.

어프로치의 이해를 돕기 위해 오른손에 공을 잡고 목표 쪽으로 공을 던지면 자연스럽게 몸이 회전해서 손이 목표로 향하게 됩니다. 클럽을 잡고 공을 칠 때도 몸이 자연스럽게 회전하는지 확인해 봅시다. 만약에 그렇지 않다면 다운스윙 시 왼쪽 어깨가 열리는 동시에 손목이 움직이지 않은 상태에서 잔디에서 클럽이 매끄럽게 빠져나가는 느낌을 가지도록 연습해야 합니다.

그린 주위의 정말 짧은 거리가 아닌 이상은 하체와 상체의 움직임을 지나치게 고정하면 안 되고 볼의 간격과 머리의 높낮이는 유지하면서 타겟 방향으로 자연스럽게 움직여 줘야 합니다. 이 동작은 풀스윙에서도 마찬가지로 적용됩니다.

▶ YouTube: 어프로치 동작

27

거리에 따른 어프로치 샷이 궁금합니다

그린 주변에 내리막과 오르막 어프로치 때 공이 잘 맞지 않습니다

코스 내 경사면 샷의 해결책은 90%가 어떠한 셋업을 하고 있느냐에 달려 있습니다. 경사면 아이언샷이나 어프로치는 경사면에 따른 몸의 기울기가 중요하고 그다음으로는 임팩트 때, 몸이 경사면에 맞게 기울어져 있는지 확인하셔야 합니다.

그린 주변의 어프로치는 골프공이 그린에 가까워질수록 홀컵을 공략하기 위해 무한의 창의성이 필요합니다. 그래서 저는 선수들에게 항상 각본에 없는 드라마를 써보라고 이야기합니다. 교과서적으로 나와 있는 것도 중요하지만 때론 상황에 따라 여러 가지 변수가 적용되기 때문입니다. 우선 여러 방법으로 시도를 많이 해보는 것이 중요하고, 그에 따라 실수하는 것을 두려워하면 안 됩니다. 그린 주변에서는 클럽 선택의 다양성을 추구하지만, 선택의 폭이 좁다면 우선 정해진 클럽으로 많은 연습과 시도를 해보고 플레이어가 어느 정도 공을 맞출 수 있고 스윙도 올바르게 할 수 있다면 그 후에 클럽 선택과 셋업을 생각하면 됩니다.

여러 골퍼들을 보면 공을 굴릴 수 있는 상황에서 띄워 치고, 공이 떨어지는 지점을 너무 멀리 선택해서 어려움을 겪는 경우가 많습니다. 그래서 어프로치 할 때 본인이 선택한 클럽이 적절했는지 한 번쯤 고민해 보아야 합니다. 이번 영상은 온그린이 되지 않았을 때 일어나는 여러 가지 어프로치 상황에 대한 영상입니다. 사실 경사면에서 하는 어프로치는 평지에서 하는 어프로치와 별반 다르지 않습니다. 경사면 기울기에 따라서 몸이 기울어지기 때문에 평지에서 치는 것과 큰 차이가 없지만, 경사면에 따라 공의 탄도의 높고 낮음은 주의할 필요가 있습니다. 예를 들어 왼발이 높은 경사면에서 56도 웨지를 쓴다고 하면 공은 플레이어가 생각하는 것보다 더 높게 떠서 백스핀이 걸리게 됩니다. 결국 공의 탄도와 떨어지는 지점을 설정하고 얼마만큼 공을 굴릴 것인지를 고려해서 알맞은 클럽을 선택해야 합니다. 그 후 거리감을 조절하는 것은 오로지 연습뿐입니다.

▶ YouTube: 내리막, 오르막 어프로치

왼발이 낮은 내리막 경사에 기울기 확인하는 방법

왼발이 높은 오르막 경사에 기울기 확인하는 방법

그린 주변 10m에서 15m 어프로치 할 때 일정한 거리감이 어렵습니다

이 문제를 해결하기 위해 미국에서 가장 많이 사용되는 방법으로 힌지 앤 홀드(Hinge and Hold) 연습법이 있습니다. 손목의 움직임을 최소화하여 클럽헤드의 움직임을 제한해서 일정한 거리를 보낼 수 있는 기술이고 누구나 쉽게 해볼 수 있습니다. 가능한 하체와 상체 움직임을 최소화하여 클럽 헤드로만 공을 쳐서 적은 거리를 보내는 연습법입니다. 손목을 먼

저 힌지 한 다음 그대로 유지한 상태에서 공을 쳐서 보내는 방법인데 매우 효과적입니다. 이 방법이 스윙 크기 결정이나 공의 랜딩 포인트를 정하는 어려움에서 벗어나게 해줄 것입니다. 공의 거리에 대한 정확한 컨트롤이 필요하다면 이 기술을 연습해서 코스에서 유용하게 사용해 보시길 바랍니다.

▶ YouTube: 10M~15M 어프로치

— 오른손 손목이 풀린 모습

오른손 손목을 유지한 모습 —

40m 어프로치 스윙 크기와
그립 위치

35m 어프로치 스윙 크기와
그립 위치

30m 어프로치 스윙 크기와
그립 위치

20m 어프로치샷까지는 잘하는데 30~40m는 거리를 맞추기 어렵습니다

20m는 백스윙 시 양손이 오른쪽 주머니까지 올리면 정확한 거리를 치는데, 30m를 칠 땐 스윙을 크게 해야 하는지? 코킹을 해야 하는지? 막상 코킹을 하려고 하면 공이 멀리 가고 그렇지 않으면 공이 안 나갈 것 같은 불안감이 듭니다. 이 부분에 대한 유일한 해결책은 본인이 가장 자신 있는 스윙 크기와 템포를 정하는 것입니다. 스윙 크기와 템포를 정해서 공이 멀리 나간다고 하면 클럽을 짧게 잡거나 혹은 클럽을 바꾸는 방식입니다.

골프 코스에서 공을 칠 때 본인이 정한 스윙 크기를 믿고 치는 게 가장 중요하고, 거리 맞추기는 클럽의 길이로 조절하는 것이 가장 효율적입니다. 30~40m 거리에서 스윙 크기는 가능한 허리 높이 이상 올라가는 것을 추천하지 않습니다. 연습장에서 스윙을 세세히 나누어서 연습하는데 필드에서는 그렇게 하면 안 되는 이유는 무엇이고 어떤 방법으로 30m 거리를 맞출 수 있는지 영상을 통해 확인해 보시면 좋을 것 같습니다.

▶ **YouTube: 30M 어프로치**

— 같은 클럽, 같은 스윙 크기로 그립 위치에 따라 거리 조절

50m 어프로치 스윙은 충분히 하는데, 공이 높이 떠서 나가지 않습니다

필드에 나가보면 스윙은 충분히 크게 했는데 공의 탄도가 떠서 거리가 나가지 않는 경우가 종종 있습니다. 이러한 문제는 숏 아이언샷에서도 빈번한데 이런 스쿠핑 동작은 20미터 남짓 거리에서는 잘 나오지 않지만, 50미터 이상 커지는 경우 많이 발생됩니다.

이 문제는 클럽에 공이 맞기 전에 손목이 젖혀지는 현상으로 간단한 방법으로 해결할 수 있습니다. 첫째로 어드레스 머리 위치를 공의 왼쪽에 두고 스윙 시 체중이동 없이 스윙하는 것이 중요하고, 공 뒤에서 루틴을 할 때 버추얼 볼 플라이(상상으로 볼이 날아가는 비구선)를 본인이 그렸던 것보다 낮게 그려보는 것도 해결 방법입니다. 이렇게 공을 친다면 피니쉬 동작도 정면에서 보았을 때 알파벳 역 L 모양이 나올 것입니다. 골프 코스에 나가서 위의 피니쉬 동작만 확인해도 큰 미스샷은 줄일 수 있습니다.

머리 위치가 공보다 오른쪽에
있어서 스쿠핑이 나는 동작

머리 위치가 공보다 왼쪽에
있어서 올바른 동작

▶ **YouTube: 웨지샷 거리늘리기**

빗자루 스윙

파세이브 어프로치샷 시 탑볼이 나서 그린을 넘어갑니다

티샷과 세컨샷을 잘해서 그린 근처까지 와서 어프로치만 잘하면 파세이브를 할 수 있는데 중요한 순간에 탑볼을 쳐서 그린을 넘어가게 되는 경우가 많습니다. 필드 이곳저곳에서 "아!! 깠네"라는 함성을 듣게 되는데 안타깝게도 드라이버와 아이언샷을 잘 쳐서 온 것이 어프로치샷으로 물거품이 됩니다.

'탑볼'은 웨지를 사용할 때 공을 띄운다는 생각에 폴로우스루 동작이 들리게 되는 동작으로 인해 클럽의 리딩 엣지가 공의 중간을 치는 현상입니다. 어프로치 기본동작은 다른 스윙과 거의 흡사한데 임팩트 때 '공을 잘 맞춰야겠다'는 불안감에 강하게 손목을 썼든가 몸의 움직임으로 인해 미스샷이 나오는 것입니다.

이번 영상을 쉽게 이해하기 위해 앞 빗자루라는 명칭으로 정해보았습니다. 앞 빗자루는 말 그대로 몸과 손에 불필요한 힘이 들어가지 않으면 공을 치고 난 뒤 클럽헤드가 지면에서 낮게 위치한다는 이론입니다. 이 느낌을 찾기 어렵다고 하면 의도적으로 클럽을 지면으로 누르면서 공을 쳐봐도 좋은 결과가 나올 것입니다. 골프 코스에서 플레이하기 전에 이 연습을 해서, 그린 주변에서 좀 더 스릴 있는 숏게임 플레이를 해보시길 바랍니다.

▶ YouTube:

 어프로치 레슨 1

 어프로치 레슨 2

28

범프 앤 런, 오르막에서만 연습해야 하나요?

범프 앤 런(Bump and Run) 같은 경우는 꼭 오르막에서 연습하지 않으셔도 됩니다. 범프 앤 런은 에이프런 위치에서 공의 속도를 줄여서 핀에 접근시키는 것인데, 보통 그린이 페어웨이 높이보다 높거나 앞 핀이 오르막일 경우에 쓰고 평지일 경우에도 쓸 수 있습니다.

세컨드샷이나 써드샷 공략을 할 때, 그린이 높은 경우와 앞 핀이 에이프런에서 5m, 7m 정도 거리에 있는 경우가 있습니다. 이럴 때 핀을 직접 보고 치기는 굉장히 어렵기 때문에 낮은 로프트 클럽으로 핀에 너무 맞춰 치다 보면 거리가 짧아지는 경우가 많고, 핀을 바로 보고 치다 보면 공이 많이 굴러가서 핀과 멀게 멈춰 서는 경우가 많은데 이럴 때 범프 앤 런을 써야 합니다.

'범프 앤 런'은 그린 전에 공을 떨어뜨려서 속도를 줄여 핀을 공략하는 방법입니다. 범프 앤 런을 할 때는 탄도가 가능한 낮아야 합니다. 탄도가 낮게 공을 치려면 클럽을 한 단계 정도 내려서 잡는 것도 좋은 방법입니다.

세컨드샷을 칠 때 보통 4번 또는 5번 아이언으로 치는데, 3번 아이언으로 공략을 하면 탄도가 낮아집니다. 앞 핀이고 170m인 상황이라고 할 때, 치다가 공이 너무 뜨거나 정확히 안 맞아서 짧을 수도 있을 것 같다는 예상이 드는 상황에서 4번 아이언보다 3번 아이언으로 탄도를 낮춰서 치면 좀 짧게 치더라도 공이 튀겨서 올라갈 수 있고 그렇게 온 그린을 시켜 실수를 최소화할 수 있습니다.

▶ **YouTube: 범프 앤 런 어프로치**

어드레스 공 위치 오른쪽, 몸 중심 왼쪽으로 셋업

롱아이언으로 낮은 탄도로 치는 샷

앞바람이 불어올 때 낮은 탄도를 구사하는 로우피니쉬 자세

05

Chapter

퍼팅

29

퍼팅 라이 보는 법이 궁금합니다

퍼팅 시 그린 라이 잘 보는 법이 있나요?

퍼팅 그린 라이를 잘 보는 방법은 서서는 안보이기 때문에 우선 시선을 지면 쪽으로 낮게 낮춰야 합니다. 그 후에 그린의 전체적인 경사면을 읽는 방법을 연습하셔야 합니다. 그린의 좌우, 그린의 앞뒤, 그리고 오르막과 내리막 경사가 있기 때문에 경사면을 사선으로 보는 연습을 하셔야 합니다.

초보자분들은 그린 라이가 잘 안 보이는데, 그럴 때 캐디한테 물어보지 말고 본인 스스로 판단해야 합니다. 그린을 많이 걸어 보고, 또 많이 굴려보면서 실수도 하고 경험을 해보셔야 합니다. 퍼팅이 끝나고 나서는 그린 뒤, 그린 전체의 경사면을 한번 읽어보기, 손으로 공 굴려보기 등 꾸준한 연습이 필요합니다.

▶ **YouTube: 효과적인 퍼팅 연습법**

퍼팅할 때 슬라이스 라이, 훅 라이를 일정하게 프로라인으로 치고 싶습니다

골프 코스에 있는 그린에 가면 경사면에 대한 기울기가 눈으로 보일 것입니다.

정말 짧은 퍼터가 아닌 이상 거의 똑바로 치는 퍼터는 없습니다. 항상 슬라이스 라이나 훅 라이를 보게 되는데 이럴 때 고민하는 것 중 하나가 한 라이에서 공이 왼쪽, 오른쪽 양방향으로 나가는 것입니다. 이렇게 되면 본인이 방향을 잘못 섰는지 아니면 클럽이 공에 맞을 때 스퀘어가 되지 않았는지 혼란스럽게 됩니다. 그래서 코치들은 가능한 프로라인(홀컵의 높은 쪽으로 공이 지나가는 라인)을 선호합니다. 그러기 위해서는 항상 한 방향으로 공이 가야 합니다.

톰 왓슨(Tom Watson)이라는 선수는 슬라이스 라이에서는 왼손 그립을 약간 오른쪽으로 감아 잡아서 임팩트 시 클럽 페이스가 열리지 않게 해주고, 훅 라이에서는 왼손을 왼쪽으로 돌려 잡아 위크 그립을 하여 클럽 페이스가 닫히지 않은 상태로 스트로크를 합니다. 이러한 상황별 스트로크는 꼭 필요합니다. 티샷 및 페어웨이에서 여러 가지 상황에 맞는 샷을 연습하게 되는데, 왜 그린에서는 똑같은 방법으로 여러 가지 상황을 대처하려고 하는지 다시 한번 생각해 볼 필요가 있습니다.

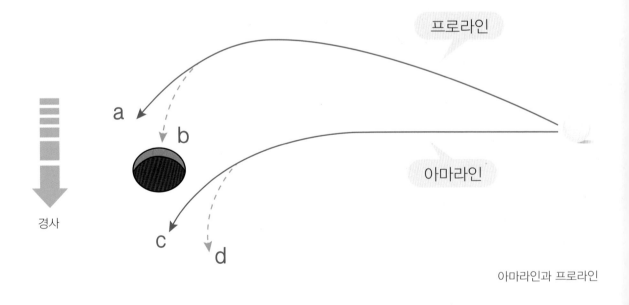

아마라인과 프로라인

▶ YouTube: 슬라이스 라이, 훅 라이 치는 법

퍼팅 시 백스윙과 다운스윙 잘하는 방법이 있나요?

퍼팅할 때 백스윙과 다운스윙을 잘했음에도 불구하고 공이 똑바로 가지 않고 안 들어가는 분들이 많습니다. 공 임팩트 시 직각이 되는 느낌을 잘 모르기 때문에 그렇습니다. 이 부분에 대해서는 연습 방법에 대한 순서를 먼저 알려드리고 싶습니다.

처음에 연습하실 때는 백스윙과 다운스윙을 생각하지 마시고 공이 맞을 때, 공을 굴려 보내는 목표 선상에 스퀘어가 정확하게 직각으로 맞아서 들어가는지를 먼저 확인하고 그다음에 백스윙과 다운스윙을 연습하셔야 합니다. 스퀘어 연습을 하다보면 백스윙과 다운스윙은 자연스럽게 잘 되는 경우가 많습니다. 그래서 우선순위를 스퀘어 연습에 두는 것이 좋습니다. 어드레스 시 클럽 샤프트의 라이각을 확인하고 공과 몸의 거리도 정확하게 정한 뒤 원하는 지점에 공을 계속 똑바로 굴린다고 생각하면 일관성 있는 스윙을 할 수 있습니다.

그리고 백스윙과 다운스윙에 대해서는 플레이어가 어떤 퍼터를 쓰고 있는지가 중요합니다. 말렛형과 블레이드, 엘자 퍼터의 스윙이 다르듯이 내가 지금 어떤 퍼터를 쓰고 있는지를 정확히 먼저 알고 그 퍼터에 맞는 스윙을 하시는 게 가장 적합합니다.

스퀘어가 잘못된 모습

스퀘어가 정확하게 맞은 모습

30

롱퍼팅을 잘하려면 어떻게 연습해야 하나요?

스윙 크기 잡기

우선 스윙 크기를 정해야 합니다. 중급 정도만 되더라도 스윙 크기가 어느 정도 알고 있지만, 초급자분들은 스윙 크기를 잘 모르기 때문에 우선 스윙 크기를 정해야 합니다. 스윙 크기는 아무리 크게 하더라도 양발 사이 이상 벌어지면 안 됩니다.

롱퍼팅 할 때 손목도 써야 합니다. 손목을 쓰지 않으면 거리가 잘 안 나가고, 스윙이 점점 더 커지게 됩니다. 롱퍼팅이라고 해서 스윙이 다 커지는 게 아니라, 스윙이 커질 수 있는 정도가 있는데 너무 커지면 안 좋습니다. 정해진 스윙 크기에서 거리를 낸다고 생각하면 당연히 손목을 사용해야 합니다.

롱퍼팅 시 손목을 잘못 쓴 모습　　　　롱퍼팅 시 손목을 올바르게 쓴 모습

홀컵 보고 치는 연습

스윙 크기를 정하더라도 공에 맞는 힘이 일정하지 않아서 롱퍼팅을 실패하는데, 가장 많이 쉽게 할 수 있는 연습 방법이 '홀컵 보고 치는 연습'입니다. 손으로 공을 굴린다고 했을 때 굴러갈 거리를 예상하고 굴리는 것처럼 퍼팅도 플레이어가 홀컵을 보고 예상하는 스윙 크기와 스트로크를 실수와 성공을 통해서 학습하는 것이 중요합니다. 이 연습을 할 때 탑핑도 날 수 있고 뒤땅도 날 수 있지만, 하루 이틀 하다보면 공이 홀컵 쪽으로 모아지는 것을 확인할 수 있고, 여러분들도 좋은 감각을 누구나 다 가지고 있다고 생각하게 될 것입니다. 어드레스를 해서 공을 보고 치는 것이 아니라, 홀컵만 바라보고 치는 연습을 해야 합니다. 클럽이 뒤땅을 맞든 헛치든 간에 홀컵만 보고 치는 연습을 계속하다 보면, 공이 어느 정도 모이게 됩니다. 그 정도 감각은 다 갖고 있고, 성인들은 더 잘할 수 있습니다.

▶ YouTube:

 실전 퍼터 레슨 1

 실전 퍼터 레슨 2

2m, 4m, 6m 연습하기

공을 홀컵 보고 치는 연습을 하고, 공이 어느 정도 잘 모이게 되면, 연습 그린에 2m 간격으로 2, 4, 6, 8, 10 이렇게 16m까지 동전이라든지 티를 놓고, 공을 열 개 정도 잡고, 그쪽에다가 공을 모으는 연습을 하면 됩니다. 2m, 4m, 6m의 거리마다 공을 모을 줄 알아야 합니다. 다섯 개 열 개 정도의 공을 목표한 티에 멈추는 연습을 계속하다 보면 퍼터와의 거리감은 분명히 좋아집니다.

31

숏퍼팅을 잘하려면 어떻게 연습해야 하나요?

퍼팅의 리듬을 알고 싶습니다

퍼팅 리듬은 사람마다 다릅니다. 일관성 있게 공을 보낼 수 있는 리듬은 연습을 통해서 찾아야 합니다. 내가 '하나, 둘'이라는 어떤 박자를 가지고 연습할 때, '하나'는 잘하고 '둘'은 급해서 공이 멀리 갈 수도 있습니다. 5m 정도 퍼터를 칠 때, 어떤 리듬으로 공을 쳤을 때 일정하게 5m 안에 다 모이는지를 보고 그 기준을 가지고 리듬 연습하는 게 가장 좋습니다.

처음 배울 때, 평지에서 공을 보내기 위해 스윙 크기를 똑같이 대칭되게 연습합니다. 하지만 실제 코스에 나가면 오르막과 내리막이 있고, 슬라이스와 훅이 있습니다. 손으로 공을 굴릴 때, 오르막으로 공을 굴린다고 생각하면 조금이라도 손끝에 힘이 들어가게 됩니다. 손에 약간 스냅을 줄 수도 있고, 다운스윙 속도가 좀 더 빨라질 수도 있습니다. 반대로 내리막으로 친다고 하면 똑같은 스윙 크기가 아니라, 폴로우스루가 좀 더 짧아질 수가 있고 스트로크의 강도가 조금 더 부드러워질 수도 있습니다. 따라서 나만의 스트로크를 한 가지가 아니라 상황에 따라 여러 가지를 준비해 놓는 것이 좋습니다.

당구를 칠 때도 가장 기본적인 스트로크가 있고, 다음에 밀어 칠 때나 끊어 칠 때나 다 똑같은 스트로크를 하지 않듯이 퍼터도 똑같다고 생각하시면 됩니다. 퍼터도 밀어 칠 때도 있고 끊어질 때가 있습니다. 무조건 일관적인 스트로크가 홀컵에 공을 잘 들어가게 하는 건 아닙니다. 여러 가지 상황에 따라

서 오르막, 내리막, 슬라이스, 훅을 치면서 상황에 맞는 여러 가지 스트로크를 경험을 통해서 습득하시는 게 가장 효과적이라고 볼 수 있습니다.

▶ YouTube: 퍼팅 잘하는 법

숏퍼팅이 너무 안 들어갑니다. 숏퍼팅을 할 때 클럽헤드가 많이 흔들려서 안정적인 퍼터스윙을 하고 싶습니다

숏퍼팅을 실수하는 선수들을 보면 정말 초보자처럼 공이 홀컵도 못 맞추는 경우를 볼 수 있습니다. 골프를 시작한 지 얼마 안 됐을 땐 퍼터보다 드라이버가 어렵고, 시간이 지나면 드라이버보다 숏퍼터가 더 어려워지기 때문입니다. 골프 명언 중에 "퍼터는 3살 아이처럼 해야 한다"는 이야기가 있죠. 머릿속에는 어디로 공을 보내겠다는 생각 외에는 단 1%라도 부정적인 생각, 고민, 갈등이 있어서는 안 됩니다. 많은 연습과 메커니즘 훈련을 통해서 퍼팅 실력 향상을 기대하고 있지만, 공 앞에 서서 불안한 마음 때문에 제대로 치지 못한다면 아무 의미가 없습니다. 숏퍼팅 준비과정에서 모든 집중력을 볼과 어드레스에 쏟아부었는데 정작 공을 칠 땐 퍼터 헤드를 스퀘어에 맞추지 못하면 무슨 소용이 있을까요? 머릿속에 들어온 심리적인 불안감은 쉽게 사라지지 않는다는 것을 알아야 합니다. 그래서 시작할 때 처음부터 실수에 대한 부분을 인정하고 머릿속에서 지우는 훈련이 필요합니다. 퍼팅을 한번 실수할 때마다 그것을 머릿속에 기억하고 되새기면서 공 앞에서 불안에 떨었는지 만약 그랬다면 그 생각을 먼저 고쳐야 합니다.

이번 영상은 숏퍼팅에 대한 부담감으로 스윙 시 퍼터 헤드가 너무 흔들리거나 임팩트 시 스퀘어가 이루어지지 않아 공이 엉뚱한 곳으로 굴러가는 경우 도움이 될 것입니다. 팔을 필요 이상 사용해서 실수가 나오는 경우가 많은데 이때는 팔을 사용하지 않고 몸을 움직여서 퍼터가 몸에 매달린 채로 스윙이 되고 공이 맞아 나가는 훈련을 한 뒤, 나중에 손의 감각을 되찾는 방법을 추천합니다. 때론 이것이 퍼팅 스트로크 훈련에 가장 기본적이고 기초적인 훈련 방법이라고 할 수 있습니다.

▶ YouTube:

 숏퍼팅 잘하는법 1

 숏퍼팅 잘하는법 2

1m 퍼팅을 잘하는 필살기가 있을까요?

1m는 사실 기술이 필요 없습니다. 연습량에 대한 '자신감'이 필살기입니다. 라이를 보고 스윙을 똑바로 해서 들어가는 그런 결과가 아니라, '내가 스트로크를 얼마큼 자신 있게 치느냐'입니다. 실제 거리는 1m지만 홀컵을 최소 10cm는 지나간다는 생각으로 스트로크를 할 수 있는 사람들이 퍼터를 잘 칩니다. 어느 정도 홀컵을 지나가게 칠 수 있는 사람들이 대부분 퍼터에 자신감이 있는 사람들입니다. 그리고 그 정도 쳐야 하는 이유가 몇 가지 있습니다.

첫째, 많은 슬라이스, 훅 라이를 제외하고 미세한 라이가 있을 경우 공의 속도로 라이가 영향 받지 않게 칠 수 있는 방법이라고 생각하시면 됩니다.

둘째, 많은 골프들이 그린에서 발자국을 남기는 곳이 홀컵 근처입니다. 그렇기 때문에 공을 홀컵에 지나가게 치는 것이 중요합니다. 치는 방법으로는 공 뒤에 동전을 놓고 다운스윙 시 퍼터가 동전을 건드리지 않을 정도로 약간 위에서 밑으로 눌러 친다는 느낌으로 치시면 됩니다. 만약에 동전을 건드리고 공을 올려치면 공의 힘이 약해져서 미세한 라이의 영향을 받을 수 있습니다.

▶ **YouTube: 숏퍼팅 노하우**

Part 4

꼭 알아야 할 골프매너와
멘탈관리법

Chapter 01

골프매너

32

타인과 게임할 때 가져야 할 매너는 어떤 것이 있나요?

골프는 개인성적 스포츠이기 때문에 본인 플레이를 해야 하는 것도 중요하지만, 기본적으로 3~4명이 팀을 이뤄서 움직이므로 상대방에 대한 배려가 굉장히 중요합니다. 골프는 심판이 없고 동반자, 캐디 밖에 없습니다. 그래서 가끔 부정 아닌 부정을 저지르는 분들이 많은데, 부정을 저지르면 본인은 스코어를 줄여서 좋겠지만 결국엔 실력에 악영향을 끼치는 부분이 많습니다. 스코어 한 타 줄이는 것에 연연하지 말고 에티켓과 룰을 지키면서 치는 것이 중요합니다. 피치 못할 상황이면 드롭도 그냥 놓고 치겠지만, 가능하면 상대방에게 먼저 말을 하고 하는 게 좋습니다. 그린에 올라가서 마크 후, 먼 사람부터 순서대로 칠 때 가장 중요한 것은 라이를 밟지 않는 것입니다. 그다음엔 먼저 끝났어도 캐디에게 맡기고 가는 것이 아니라 상대방이 끝날 때까지 기다려주는 매너가 필요합니다. 만약에 공이 페어웨이로 날아간 뒤 없어졌으면 상대방 공도 같이 찾아주는 에티켓도 필요합니다.

미리 도착해서 몸도 풀고 담소도 나누면서 플레이하는 동안 즐거운 시간을 가지는 것이 중요합니다. '나만 잘 치면 되겠다'가 아니라 상대방을 기다려주고, 먼저 플레이하게 해주고, 상대방이 불편하지 않게 신경 써주는 것도 하나의 미덕입니다. 티샷할 때, 공 치는 사람이 앞에 있는데 옆에서 연습하는 행위도 굉장히 조심하셔야 합니다.

동반자 플레이 시 조용히 지켜보는 모습

33

티잉 그라운드에서의 에티켓은 뭐가 있나요?

티잉 그라운드에서 지켜야 할 에티켓은 티박스에는 한 사람만 올라가는 걸 원칙으로 합니다. 여러 사람이 티박스에 올라가는 것은 사고 위험도 있습니다. 그리고 상대방이 공을 칠 때 가능한 시선에서 걸리지 않는 쪽으로 피해주고 움직임은 가능한 자제해야 합니다. 라운딩 중 '이 정도 소리는 들리지 않겠지'라고 해서 말하는 경우가 있는데 필드가 산이다 보니 말소리가 되게 잘 들립니다. 긴장이 많이 되는 티샷 같은 경우는 공을 편하게 칠 수 있게 해주어야 합니다. 그리고 티샷에서 마음가짐은 항상 자신감입니다. 자신감이 없으면 내 공이 어디로 갔는지 모르기 때문에, 항상 자신감을 가지고 쳐야 합니다.

34

세컨드샷을 칠 때 에티켓은 무엇이 있나요?

티샷을 치고 세컨드샷 지점에 가면서 칠 클럽을 예상해 2~3개 정도 준비해서 들고 가는 것도 괜찮습니다. 그리고 상대방이 준비가 늦는다고 하면 본인이 "먼저 치겠습니다"라고 얘기를 한 다음에 순서와 상관없이 먼저 치는 방법도 좋습니다.

세컨드샷 지점에 클럽을 2개 들고 간 모습

35

벙커 정리는 매우 중요합니다

우리나라는 정착이 덜 되어 있지만, 외국 같은 경우는 벙커 정리를 꽁장히 중요하게 생각합니다. 벙커 정리와 디봇에 모래를 붓는 것을 엄청 까다롭게 여깁니다. 프라이빗 골프장일수록 더 엄하게 합니다. 우리나라는 반대로 프라이빗 골프장일수록 캐디 분들이 열심히 하지만, 외국 같은 경우는 자기 골프장을 아낀다는 마음으로 개인이 관리에 더 신경을 많이 쓰고 있습니다. 관리가 잘 안되면 회원들끼리 컴플레인을 직접적으로 걸 정도로 꽁장히 엄격하게 하고 있습니다. 골프장 퇴장까지 시킬 정도로 지키기 때문에 본인이 직접 하는 게 가장 좋습니다. 우리나라는 캐디라는 문화가 있고 돈을 지불하고 치기 때문에 보통은 캐디가 알아서 해줄 거라고 생각하지만, 캐디가 있더라도 본인이 할 일은 직접 하는 게 좋습니다.

02

Chapter

멘탈관리법

36

골프코스에서 가장 신경 써야 하는 부분은 무엇인가요?

골프가 멘탈게임이라는 것은 확실합니다. 그러나 기술이 좋지 않은데 멘탈이 좋을 수는 없습니다. 다시 말해 초~중급자들은 어느 정도의 기술이 뒷받침되어야 멘탈 역시 좋아지는 것입니다. 이 과정을 지난 상급자들은 기술적인 요소도 멘탈로 그 기술을 향상시킬 수 있습니다.

예를 들면, Par3 홀 그린 앞에 해저드가 있는 코스에서 초~중급자들은 그린에 올라갈 수 있는 확률이 현저히 적기 때문에 불안한 마음을 가지려고 하지 않아도 생길 수밖에 없습니다. 그러나 그린에 올릴 수 있는 기술은 가지고 있는 상급자들은 해저드가 앞에 있을 경우 그 상황을 잊을 수 있는 멘탈 트레이닝을 함으로써 자신이 가지고 있는 기술보다 더 좋은 결과를 만들어 낼 수 있습니다.

골프코스에서 신경 써야 하는 부분은 당연히 코스 매니지먼트입니다. 기술적·심리적 요소가 여기에 포함됩니다. 자신이 어디에서 어느 곳으로 공을 보내야 한다는 루틴 동작을 필수적으로 훈련해야 합니다. 이 루틴 동작은 플레이어의 기술과 심리가 모두 포함되어 있습니다. 아마추어 골퍼들은 골프코스에 나오기 전 연습장에서 공을 치며 타깃에 집중

하고 공을 보내는 루틴 연습을 얼마만큼 하고 있을까요? 만약 이 훈련을 하지 않고 있다면 시험공부를 정확히 하지 않고 시험을 보러가는 것과 같습니다. 골퍼들 중에 프리샷 루틴에 대해 들어본 분들이 있을 것입니다. 만약 루틴에 대하여 모른다면 아무리 연습을 오래 해도 실력이 향상될 수 없습니다. 프리샷 루틴은 플레이어가 타깃을 보고 뇌로 코스 공략에 대해 명확한 판단을 한 다음 몸으로 실행하는 본능적인 움직임입니다. 연습장에서 이러한 연습을 하지 않는다면 긴장감 없이 연습을 하는 것이고, 이러한 상황에서 골프코스에 나갈 경우 타깃을 보는 즉시 온몸이 긴장하게 됩니다. 많은 생각들이 정리되지 않은 상태에서 샷을 할 경우 의도치 않은 결과가 나오는 것은 당연합니다.

저자가 가르치는 국가대표 선수 중 한 명은 드라이버샷을 연습할 때 공이 떨어지는 지점과 가상의 바람을 계산해서 치는 훈련을 했고, 세컨샷을 연습할 경우 그린 앞의 해저드와 벙커, 그린의 앞뒤 좌우 핀포지션을 가상으로 만들어가며 훈련을 했습니다. 여러분들이 이러한 연습을 하고 골프코스에 나간다면 과연 자신감이 없을까요?

37

실수를 줄이기 위해선 어떻게 해야 할까요?

골프는 완벽한 게임이 아닙니다. 선수들의 성적 데이터만 봐도 롱게임 경우 20~30% 실수는 나옵니다. 그렇다면 아마추어들은 50%의 실수를 범할 수 있습니다. 실수를 중간에 끊어내는 방법은 플레이어가 얼마만큼 리커버리 샷에 대한 준비를 잘했느냐 입니다.

예를 들어 세컨샷에서 온그린이 되지 않은 경우 어프로치 샷으로 핀에 가까이 붙여야 하는데 어프로치 샷이 준비가 되지 않았을 경우 또 다른 실수가 나올 것이고 퍼팅 역시 실수를 할 수밖에 없는 상황에 놓이게 됩니다. 그렇기 때문에 골퍼들은 연습장에서 훈련할 때 적게는 60%를 숏게임 훈련에 집중해야 하고, 어느 정도 리커버리 샷이 준비되면 골프코스에서 나오는 작은 실수로 인해 감정이 흔들리는 경우는 줄어들 것입니다. 이러한 과정이 여러 번 반복되면 자신이 실수를 해도 크게 불안하지 않을 것입니다. 많은 사람들이 자신감을 가지려면 긍정적인 생각을 가져야 한다는 말을 하지만 골프코스에서는 좋은 결과를 만들어내야 긍정적인 생각을 할 수 있습니다.

38

골프코스에서 마인드 컨트롤을 왜 해야 하나요?

플레이어가 스코어를 만들어내는 과정에서 공이 항상 똑바로 가야만 좋은 스코어를 내는 것은 아닙니다. 티샷이 오른쪽 언덕에 가고 세컨샷이 그린 앞 벙커에 빠졌지만 벙커샷이 2m 퍼팅을 남겨서 이를 성공시켜도 파(Par)를 만들어낼 수 있습니다. 하나의 샷이 잘못됐다고 여러분들의 마음이 흔들린다면 그다음 샷 역시 좋지 않은 결과를 나을 수 있습니다. 숏퍼트를 절대 놓친 적이 없다고 얘기한 적이 있던 잭 니클라우스 선수도 출전한 대회의 마지막 홀에서 실수한 적이 있습니다. 여기서 중요한 것은 그 실수가 아니라 부정적인 기억은 지우고 긍정적인 것만 기억하는 잭 니클라우스의 멘탈입니다.

아마추어들은 실수한 것을 머릿속에 잊지 않고 오랫동안 되새기지만 좋은 플레이를 하기 위해서는 실수를 하더라도 그 실수를 잊어버리고 다음 플레이를 잘 풀어나갈 준비를 해야 합니다. 그래야 골프코스에서 골프의 묘미를 느끼며 플레이 할 수 있습니다.

39

골프코스에서 스코어를 낮추려면 어떻게 해야 하나요?

아마추어들은 골프코스에 나가기 전 몇 타를 칠 것인지 목표를 정하고 나갈 경우 첫 홀에 망가지기 시작하고 후반에 접어들면 점점 스코어가 좋아지는 경우와 그 반대의 경우를 경험해 봤을 것입니다. 심지어 같은 코스에서 연일 플레이 하더라도 전날은 베스트(best) 스코어 당일은 워스트(worst) 스코어를 기록하기도 합니다. 그렇다면 도대체 하루 사이에 기술이 얼마나 좋아지고 나빠졌다는 것일까요?

골프스윙에서 몸에 힘을 빼라고 수많은 코치들이 얘기합니다. 그러나 여러분들이 첫 번째로 해야 하는 것은 몸에 힘을 빼는 것이 아니라 생각에 힘을 빼는 것이며, 생각에 힘이라 하면 스윙에 대해서 너무 복잡한 생각, 의심에 따른 부정적인 생각, 필요 이상의 자신감 등을 이야기 할 수 있습니다.

또한 골프코스에 섰을 때 눈에 보이는 장애물에 의해서 또는 동반자들에 의해서 마음이 흔들리지 않는지 생각해야 합니다. 장자의 목계(나무로 깎은 닭)처럼 어떠한 상황에서도 생각에 힘을 빼고 마음이 흔들리지 않는다면 스코어는 분명 낮아 질 것입니다.

장소협찬: 센추리21 컨트리클럽

1 꼭 최대 한 시간 최소 30분 전에 도착해서 스트레칭과 퍼팅연습을 해야 한다.

2 당일 자신이 어떠한 리듬으로 18홀 동안 플레이를 할 것인지 결정해야 한다.

3 티박스에 서서 골프코스에 장애물을 보지 말고 어디로 공을 보낼 것인지 목표 지점을 정해야 한다.

4 허용할 수 있는 실수는 머릿속에서 빨리 지워야 한다.

5 전반에 스코어가 좋다고 해서 후반전 스코어를 예상하면 안 된다.

6	실수를 하더라도 꼭 만회할 수 있는 기회가 올 때까지 기다려야 한다.
7	코스 공략이라는 것은 핀에 가깝게 붙인다는 것이 아니라 위험한 상황을 피해가는 것이다.
8	아무리 쉬운 홀도 함정은 있기 때문에 방심하면 안 된다.
9	공이 클럽페이스 정타에 맞지 않더라도 신경 쓰지 말아야 한다.
10	골프공은 때려서 보내는 것이 아니라 스윙으로 보내는 것이다.

40

100타 깨기 위한 멘탈 10계명

저자 이주호는 주니어선수 출신으로 용인대학교에 골프전공으로 입학했고, 골프선수 교육을 위해 상명대학교 대학원에서 스포츠심리학전공으로 석·박사학위를 받았다. 대학원 학업과 동시에 저자의 은사인 LPGA 코치 이안 츠릭(Ian Triggs)과 투어를 다니면서 선수들의 훈련 과정과 우승을 함께하고 세계 각국의 골프코치들을 교육하며 오랜 시간을 보냈다. 그 후 엘리트 주니어 골프아카데미를 설립해서 주니어 골프선수 양성에 힘쓰며 국가대표와 시대표를 배출해왔다. 현재는 상명대학교 특임교수로 재직 중이고, 유튜브 채널 [HPGA골프아카데미]를 운영하며 일반 아마추어 골퍼들과 소통하고 있다. 그리고 2023년 4월에『골프에 미치다』개정판 출간을 앞두고 있다.

개정판
골프에 미치다: 우선 100타는 깨고 보자

초판발행 | 2021년 4월 30일
개정판발행 | 2023년 4월 17일
개정판2쇄발행 | 2023년 7월 31일

지은이 | 이주호
펴낸이 | 안종만·안상준

편집 | 한두희
기획/마케팅 | 박세기
표지디자인 | Ben Story
제작 | 고철민·조영환

펴낸곳 | (주) **박영사**
　　　　서울특별시 금천구 가산디지털2로 53, 210호(가산동, 한라시그마밸리)
　　　　등록 1959. 3. 11. 제300-1959-1호(倫)

전 화 | 02)733-6771
fax | 02)736-4818
e-mail | pys@pybook.co.kr
homepage | www.pybook.co.kr
ISBN | 979-11-303-1756-4 13690

정 가 　13,000원